U0105320

现代汉语版蒙古族传统文化经典著作

〔清〕萨冈彻辰 著
包额尔德木图 乌仁塔娜 译

蒙古源流

内蒙古人民出版社

图书在版编目（CIP）数据

蒙古源流 /（清）萨冈彻辰著 ; 包额尔德木图，乌仁塔娜译. -- 呼和浩特 : 内蒙古人民出版社，2019.11
（现代汉语版蒙古族传统文化经典著作）
ISBN 978-7-204-16104-1

Ⅰ. ①蒙… Ⅱ. ①萨… ②包… ③乌… Ⅲ. ①蒙古族一民族历史一中国一古代 Ⅳ. ①K281.2

中国版本图书馆CIP数据核字（2019）第274659号

蒙古源流

作　　者	［清］萨冈彻辰
译　　者	包额尔德木图　乌仁塔娜
责任编辑	段瑞昕
封面设计	徐敬东
出版发行	内蒙古人民出版社
地　　址	呼和浩特市新城区中山东路8号波士名人国际B座
网　　址	http://www.impph.cn
印　　刷	内蒙古爱信达教育印务有限责任公司
开　　本	710mm×1000mm 1/16
印　　张	15.75
字　　数	214千
版　　次	2020年4月第1版
印　　次	2020年4月第1次印刷
印　　数	1－2000册
书　　号	ISBN 978-7-204-16104-1
定　　价	64.00元

如出现印装质量问题，请与我社联系。
联系电话：（0471）3946230 3946120

序

一、关于作者

作者萨冈彻辰·洪台吉。萨冈彻辰是他的名字，“洪台吉”是“皇太子”的谐音。蒙古土默特部阿拉坦汗请佛教格鲁宗（俗称黄教）首领索南嘉措来蒙古，传播其宗教，是为了反抗其祖父达延可汗巴图蒙克利用蒙古传统宗教孛额的“天命论”制定的“长子继承制”。阿拉坦汗是以“桀骜不驯”闻名的文武双全之人，只因为他不是达延可汗巴图蒙克的嫡长子，而无缘继承北元的正统可汗之位。为此，他耿耿于怀大半辈子。后来他听取鄂尔多斯忽图克台彻辰洪台吉的劝说，学习忽必烈可汗请佛教上演“君权神授”的谋略。索南嘉措接受邀请，会见阿拉坦汗，迎合他的要求赐给他“转千金轮咋卡拉瓦尔迪彻辰可汗”这个大元之初由八思巴喇嘛赐给忽必烈的可汗之号。阿拉坦汗回赠索南嘉措“圣识一切瓦齐尔达喇达赖喇嘛”之号，把他捧上了佛教活佛之顶层，僧俗两方各有所得。从此，蒙古北元社会六图们之主纷纷拜佛请号，出现了好多“可汗”。蒙古社会的“可汗”，相当于汉文化中的“皇帝”。皇帝虽有很多子女，但继承皇位的只有指定的一个人。可这时候的北元社会出现的诸多“可汗”的子孙，均被称为“太子”——“台吉”。那么，在等级社会中，必须有个上下之分吧！所以，数不清的“台吉”中，还要遴选出高人一等的一波人，他们被称为“皇太子——洪台吉”。这是当时的“洪台吉”之号的来历。

萨冈彻辰·洪台吉是达延可汗巴图蒙克的第三子巴尔斯博罗特长子后裔。1604年出生在鄂尔多斯属辖乌审鄂托克的也克·沙巴尔图之地。其祖父忽图克台彻辰洪台吉也是著名的文武双全的政治家，是与土默特阿拉坦汗同时代的人。就是他提议让阿拉坦汗请藏传佛教格鲁宗首领索南嘉措来蒙古传教的。因此，三世达赖喇嘛索南嘉措赐封他为“吉农可汗”。他是图们可汗联合政府中鄂尔多斯图们的代表。忽图克台彻辰洪台吉之子是乌力吉伊勒都其达尔罕巴特尔，乌力吉伊勒都其达尔罕巴特尔之子是巴图台吉，巴图台吉之子是萨冈彻辰·洪台吉。

二、关于本书

《蒙古源流》，原书不分卷，清康熙元年（1662年）武英殿本，版框18.6cm×13.3cm。半页8行，行7—12字，白口，红色单鱼尾，四周双栏，8册1函。

此书蒙古文名为《enedheg tubed mongqol had un caqan teguke neretu tuquji》，汉译为《额讷特克·吐蕃特·蒙古可汗等源流》。

《蒙古源流》问世以来一直备受关注。1766年乾隆亲自将书名由《额尔德尼 因 托卜赤》改为《蒙古源流》。1767年，组织《四库全书》编纂工作的纪昀等人又把《蒙古源流》收入《四库全书》。乾隆四十二年（1777年）译为满文，乾隆五十四年（1789年）译为汉文，汉译本原称《钦定蒙古源流》，编为8卷。

全书以编年体上溯蒙古部落的崛起及成吉思汗王统的起源，并与额讷特克、吐蕃特诸王世系联系到一起；下述蒙古、元、北元至清初蒙古的历史文化及佛教传播，历述蒙古、元、北元数代蒙古可汗的史记，其中有关北元蒙古各部封建主纷争的内容占全书之半。书中对北元达延可汗巴图蒙克及阿拉坦汗时期政治、经济、宗教以及领地划分、各部战争和诸可汗世次、名号、生卒年及人地诸名、职官等的叙述在所有蒙古文史籍中最为详细。此书还收录了很多蒙古族民间传说、诗歌及藏、梵、汉、满等语言资料。作者自称此书系根据《古昔蒙古汗等源流大黄册》等7种蒙古、藏文字资料写成。

《蒙古源流》是17世纪蒙古编年史中最珍贵的一部历史文献，与《蒙古秘史》《蒙古黄金史》合称为蒙古文写成的蒙古民族三大历史文献著作，也是蒙古族重要的宗教史文献。19世纪末20世纪初，比利时、日本等国开始重点研究《蒙古源流》，并把它称为蒙古三大史学著作之一。有蒙古、汉、满、日、德、英等版的译本。

故宫博物院另藏有蒙古文钞本、满蒙汉合璧钞本等。

目录

第一章

额讷特格诸可汗源流

那穆·释迦牟尼[1]，

三皈依之尊上三宝，

三世诸佛之三尊身，

三界第六金刚救世，

顶礼三备三德喇嘛，

三项存在之尊奉者，

自奠基外相世界时，

生成所依存之生灵，

接引生灵之诸菩萨，

显现极乐世界之诸圣者。

此酌诸旧史，略论自古之玛哈·散巴迪可汗以来，古代额讷特格、吐蕃特、蒙古等三国传承之概要。

自从预先尊崇者所指示，如今众生所处外相世界，相依生成之内部生灵，此二者中，首先谈谈外相世界之定型，则以三坛而成焉。

所谓的三坛，乃肇造之风坛、涌波之水坛、依存之土坛而言。此三者中，先谈风坛。太古之世，由虚空的十方，飓风涌动，往来相冲，形成无可遮蔽的蓝色物体，其名曰珠格伦[2]。于是，形成了

蔑儿乞部（Merkit），也译成篾里乞、灭里吉，也应属于蒙古语族，最早出现于11世纪末，《辽史》中写作“梅里急”或“密儿纪”。蔑儿乞部族“世居不里罕哈里敦之地。其俗骁勇，善骑射，诸族颇惮之”，不里罕哈里敦即为不儿罕山（今肯特山）。有学者认为他们是回纥小部与其他种族混合而成，有的认为是蒙古人的一部分，但是可以肯定他们的西迁较早，因此更多地受到了突厥人的影响。

[1] 那穆：梵语，意思是叩头。释迦牟尼，是佛教徒对佛教创始人乔达摩·悉达多的尊称。意思是释迦族的“圣人”。

[2] 珠格伦：蒙古语有“柔软”和“温和”二意。对实物而言，为“柔软”；对气体而言，为“温和”。

◆ 铜鎏金释迦牟尼像　元代 ◆

风坛。

其次谈谈水坛。由先时之暖风生成大云，其名曰额尔德恁·朝克察[1]。从其雨水常注，形成无边之大海，名曰胡吉尔图达赖[2]，形成了水坛。

第三要谈土坛。水上生成微尘，凝固而成乳上之脂，其名曰阿拉坦·吉

[1] 额尔德恁·朝克察：蒙古语，意思是“宝体”。

[2] 胡吉尔图达赖：蒙古语，意思是“碱海”。

如克图[1]。由此分成七七之份，而细尘如兔毛、羊毛、牛毛以及阳光中所见的虮子、虱子、莜麦籽。七颗麦籽为一寸，二十四寸为一肘，四肘为一庹，五百庹为一海螺声闻之地，八个海螺声闻之地为一波尔[2]。在诸多波尔之遥存在着名曰宽广的也克·额尔克图·阿拉坦·德勒黑[3]，即土坛。其中心有众山之主——崇峻的须弥山，还有七座金山、七片大海、四大部洲、八小部洲，一共十二洲，皆一同形成。

再谈谈内部生灵之生成。第一迪彦[4]之天尊降生人间，日益繁衍，于是色世十七界、无色四界、欲世二十一界之凡三界的六类生灵同时形成。在那些生灵之中，唯四洲之人类生灵，以其为天神之衍化，故享受无量之岁数。

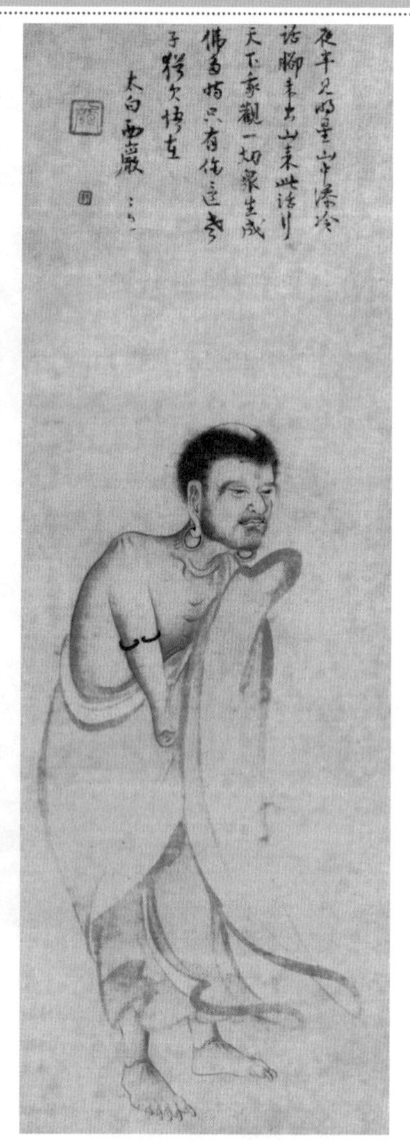

◆ 释迦出山图 ◆

其存身之处，倚居于世；其住行之时，不以脚踏地，而翱翔于天空；其所食，不食地上长的秽食，乃食三味之净食；其生育，因无男女，不以胎生，乃神化而生育；其视物，

[1] 阿拉坦·吉如克图：蒙古语，意思是“有金心者”。

[2] 波尔：蒙古语，是古代蒙古长度单位。一“波尔”约等于二公里。

[3] 也克·额尔克图·阿拉坦·德勒黑：汉译为“大自在金世界”。

[4] 迪彦：为宗教专用名词。戒饮食静坐“萨玛岱”为“迪彦”。

◆ 八辐金轮图 ◆

因无日月，赖自身明光而视。当时，并没有被称为人类之物，总其名为生灵。

后来有一天，有一位恣欲于生灵的生灵，拾得一名为嘎扎伦·套孙[1]的东西吃了，则众皆效其而食之。于是，以前的三味之食遂绝，（因吃了嘎扎伦·套孙之故）坠落于地上，自身的明光遂灭，陷入了昏夜之故，产生了诸愚昧的孽业。

由是，赖众生灵之业果，出现了太阳、月亮、星辰，用光芒照耀了他们。

其后，又有一天，还有一位恣欲于生灵的生灵，拾得一名为诺古干·努·卫[2]的食物吃了，则众皆效其而食之。于是，常吃地上的秽物，出现了男女之性具，互生爱欲，生男育女之故，产生了诸爱欲之孽业。

[1] 嘎扎伦·套孙：蒙古语，意思是“地油”。似如今的“地沟油”。

[2] 诺古干·努·卫：蒙古语，意思是“青苗”。似《伊甸园》里的“禁果”。

◆ 彩绘帖金法舍利塔 ◆

其后，又有一天，复有一位恣欲于生灵的生灵，拾得一名为萨鲁的野生稻谷，他说：“这是什么食物？不管它是什么食物，尝尝试试。”遂食那萨鲁稻谷。众皆效其而食之。于是，以前所吃的食物也灭绝了，开始吃那种稻谷。他们什么时候想吃就什么时候采。其中有一位奸吝的生灵，今日采收其翌日所食的部分，先食之稻谷也灭绝了。于是，产生了诸嫉妒之孽业。

《黑鞑事略》中神秘的蒙古葬俗：“其墓无冢，以马践蹂，使如平地。若忒没真之墓，则插矢以为垣，逻骑以为衛 。”徐霆注曰：“霆见忒没真墓在泸沟河之侧，山水环绕。相传忒没真生于斯，即死，葬于斯，未知果否？”

于是，（人们）开始耕种那种稻谷而食。因常吃那种下界的秽食，吃得多的相貌变丑，吃得少的相貌变美了。于是出现了“我长得美，你长得丑”而相互欺凌，人们又相互争夺耕种稻谷的田地，发生了激烈的争斗，相互杀戮。遂产生了诸寇仇之孽业。

又因多收稻谷者，藏匿少收者而食的缘故，产生了诸贪婪之孽业。

由是，来了一位形貌端雅、品行正直、智睿明朗的生灵，查其前行，准其是者，斥其非者，继而均分其耕田，秉公待之。于是众皆曰："不违汝旨，奉汝为诺颜[1]吧！"遂共立誓言，奉其为诺颜。额讷特格语谓玛哈·散巴迪·然咱[2]，吐蕃特语谓莽布(尔)·古(尔)贝·扎(勒)布(瓦)，蒙古语译为"斡喇纳·额尔古克德森可汗"[3]。

当时萨满达·巴迪喇佛被四大部洲公推为"转金千轮之咱卡拉瓦伦可汗"[4]。

当时是太初劫波之前，被称为"贯通一切之世"。

由是，应生灵之气数，天空中出现了太阳、月亮、星辰，照耀了四大部洲。

（玛哈·散巴迪可汗）之子乌吉思古楞·格日勒图可汗[5]，

◆ 萨迦·班智达像 ◆

[1] 诺颜：蒙古语，意思是"官员"。

[2] 玛哈·散巴迪·然咱：印度可汗的尊号，清译本作"摩诃三摩曷罗阇"，汉文作"玛哈·萨玛迪·兰咱"，按蒙古语发音为"玛哈·散巴迪·然咱"。

[3] 斡喇纳·额尔古克德森可汗：印度可汗的尊号。汉文作"莽贝·古尔伯·嘉勒博"。

[4] 转金千轮之咱卡拉瓦伦可汗：印度可汗的尊号。

[5] 乌吉思古楞·格日勒图可汗：印度可汗的尊号，意思是美貌光华的皇帝。

◆ 克鲁伦河 ◆

其子博彦图可汗[1]，其子德格杜・博彦图可汗[2]，其子噢睿，其子乌勒穆吉・特德滚・阿萨拉克其可汗[3]，其子阿玛尔・呼和可汗[4]。这些人被称为太初转轮之六位可汗。由是至今，始有“人”之称谓。

从此，人类的寿命渐渐减少，计时的最末为一刹那，积一百个刹那为一瞬间，六十个瞬间为一息，三十个息为一刻，六十个刻为一时，十二个时为一日，三十个日为一月，十二个月为一岁。计岁之增减而为噶拉巴[5]。

噶拉巴凡有六个，乃元定噶拉巴、栖息噶拉巴、住间噶拉巴、残破噶拉巴、虚空噶拉巴和大噶拉巴。

[1] 博彦图可汗：印度可汗的尊号，意思是有福荫的皇帝。汉文音译作“噶里雅纳可汗”。

[2] 德格杜・博彦图可汗：印度可汗的尊号，意思是有上等福荫的皇帝。汉文音译作“斡喇噶里雅纳可汗”。

[3] 乌勒穆吉・特德滚・阿萨拉克其可汗：印度可汗的尊号，意思是从头顶出生的皇帝。汉文音译作“乌特博哈达可汗”。

[4] 阿玛尔・呼和・可汗：蒙古语译印度可汗的尊号，意思是安宁、宽宏的皇帝。汉文音译作“满达达可汗”。

[5] 噶拉巴：梵语，意思是“时轮”。汉文音译作“劫波”。

◆ 青铜人　元代 ◆

首先为元定噶拉巴[1]，始自太初肇造定风坛之时，止于无间地狱之生灵再生之时。

其次为栖息噶拉巴，始自南瞻部洲之人，寿享无量之时止于十岁之时。

第三为住间噶拉巴，始自十岁之末——由谏止杀生之男女二十岁时，又渐增至八万岁之时。

第四为残破噶拉巴，始自毁于兵刃之时，止于毁于水灾之时。

第五为虚空噶拉巴，始自毁于水灾之时，止于再至肇造风坛元定之初。

第六为大噶拉巴，始自太初元定风坛之时，止于虚空噶拉巴之末。

如是增减之法，始自善时千佛之噶拉巴之时，曾历释迦、毗斯婆等七佛。

而今于此法教中，于玛嘎达·瓦奇尔图之国，示以十二分教。始自千佛之初，南瞻部洲之人已历寿享四万岁时，克尔戈苏迪佛[2]寿享三万岁之时，戈讷戈穆尼佛[3]寿享二万

斡亦剌部（Oirat），也译称外剌、猥剌，分布于蔑儿乞部的西北方，大概在谦河（今叶尼塞河上游）之源，其族源尚不明了，有些论著往往将其与明代的瓦剌部联系起来，可以肯定两者有渊源关系，但不能完全等同。据《史集》记载，斡亦剌人有国王，并分为若干支，每支都有自己的名称。斡亦剌首领忽都合别乞归附成吉思汗时，共有四千户，这些千户可能是在原有的四个部落基础上组成的。

[1]　元定噶拉巴：汉文作“新生善恶灵生之时也”。

[2]　克尔戈苏迪佛：佛名。汉文音译作“拘留孙佛”。

[3]　戈讷戈穆尼佛：佛名。汉文音译作“拘那含牟尼佛”。

岁之时，嘎西卜佛[1]寿享一百岁至今之释迦牟尼佛等四佛。

依此《昭·阿迪沙经》中云："法力无边的释迦牟尼佛，生于乙丑年，岁在甲申，其年八十岁时，示以涅槃之道。"

《时轮纪念经》中云："法力无边的释迦牟尼佛，生于丁未年，岁在丙寅，其年八十岁时，示以涅槃之道。"

萨迦·班第达之经中云："法力无边的释迦牟尼佛，生于戊辰年，岁在丁亥，其年八十岁时，示以涅槃之道。"如是，额讷特格、吐蕃特诸贤之说法众多。

◆ 铜鎏金释迦牟尼像　元代 ◆

如《上金光经》中云："佛断不涅槃，圣经亦不灭，但为化谕众生，乃示涅槃之道耳。法力无边之寿算，绝无能知之者，其明显之色身虽逝，其光辉之真法身则不替。"

然而，今此博格达[2]萨迦·班第达者，根据班禅·沙格嘉·锡哩的《朝克图·察津·库如顿》[3]而撰写的《沙新努·套干努·苏杜日》[4]，《博格达·吉尔迪·道扎瓦》[5]根据佛祖预言于无垢女子的

[1] 嘎西卜佛：佛名，又作嘎西卜佛。汉文音译作"迦叶佛"。

[2] "博格达"：蒙古语，汉语意为"圣人"。

[3] 《朝克图·察津·库如顿》：蒙古语译佛教经典名。汉文译作《威德时轮》。

[4] 《沙新努·套干努·苏杜日》：蒙古语译佛教经典名。汉文译作《佛教运数史》。

[5] 《博格达·吉尔迪·道扎瓦》：佛教经典。汉文音译作《吉尔·迪·多咱》。

《吉旺吉哩德·兀者古鲁森·噢杜哩古鲁森》[1]而撰写的旧史，成安贤者所撰《盖罕西克·乌哲克德惠·策策津·绰睦尔哩克》[2]，大成贤者僧格·锡哩·班第达所撰《乌兰·德卜特尔》[3]。根据这四部著作的教义而论，诚如深得法力无边的真谛，乃已至悟佛教终极之萨斯嘉·班第达之所论。

狩猎是草原一项很有特色的活动。萨都剌《上京即事》记载："紫塞风高弓力强，王孙走马猎沙场。呼鹰腰箭归来晚，马上倒悬双白狼。"王恽描绘的忽必烈汗的狩猎场景异常骁勇："飞鹰走犬汉人事，以豹取兽何其雄。"董文用扈从文宗铁穆尔，记述在三不剌（今锡林郭勒阿巴嘎旗、苏尼特左旗一带）狩猎："千里阴山骑四周，休夸西伯渭滨游。今年校猎饶常岁，一色天狼四十头。今年大弥蹛林秋，青兕黄羊以万筹。摇吻戍儿欣有语，好云从此到南楼。今秋天饷住冬粮，万穴空来杀气苍。渴饮马酮饥食肉，西风低草看牛羊。""一声画鼓肃霜威，千骑平岗卷雪晴。长围渐合汤山东，两翼闪闪牙旗红"的狩猎场面与气势，都是草原风情的真实写照！

首先说说额讷特格国可汗源流。则如上所述斡喇纳·额尔古克德森·可汗之萨迦宗族之阿玛尔·呼和·可汗[4]以来，历一阿桑吉[5]七万四千五百六十世，于额讷特格之玛嘎达·瓦奇尔图国[6]，诞生了阿日斯兰·乌察图可汗[7]。

此可汗有四子、四女，其四子为阿润·伊德图[8]、察干·伊德

---

[1] 《吉旺吉哩德·兀者古鲁森·噢杜哩古鲁森》：佛教经典。汉文译作《接引经》。

[2] 《盖罕西克·乌哲克德惠·策策津·绰睦尔哩克》：蒙古语译书名，汉文译作《现灵花蕾传》。

[3] 《乌兰·德卜特尔》：蒙古语译书名，汉文译作《丹书》。

[4] 阿玛尔·呼和·可汗：蒙古语译印度可汗的尊号，意思是安宁、宽宏的可汗，汉文音译作"阿赉努可汗"。

[5] 阿桑吉：汉文音译作"阿僧祇"。

[6] 玛嘎达·瓦奇尔图国：地名。汉文音译作"摩揭陀"。

[7] 阿日斯兰·乌察图可汗：蒙古语译印度可汗的尊号，意思是有狮臂的可汗。汉文音译作"星哈哈努可汗"。

[8] 阿润·伊德图：蒙古语译印度可汗的尊号，意思是有净食的可汗。汉文音译作"苏都达纳"。

木怜道是蒙元时期一条行经大漠南北的主要驿道。木怜道的行经路线大致是经兴和路过大同路北境，由丰州西北甸城谷出天山（今内蒙古大青山），经净州，出砂井，入“川”（沙漠之意），接岭北驿道。今内蒙古乌兰察布市境内的古城址大都在这条线上，这条线路基本上是唐代的线路。

图[1]、唐苏克·伊德图[2]、阿日善·伊德图[3]。

其四女为阿润[4]、察嘎克沁[5]、唐苏克[6]、阿密哩岱[7]。其孙为阿润·伊德图之子哈穆克·图萨·布图格克奇[8]、乌吉思古楞图·南岱[9]，察干·伊德图之子伊拉古克森·西达[10]、特古勒德尔·赛音[11]，唐苏克·伊德图之子也克·讷日图[12]、乌鲁·道锐图克奇[13]，阿日善·伊德图之子阿克塔[14]、迪瓦塔特[15]。其外甥为：阿润之子玛西·赛图尔·乌哈克奇[16]、察嘎克沁之子

[1] 察干·伊德图：蒙古语译印度可汗的尊号，意思是有白食的可汗。汉文音译作“硕克洛达纳”。

[2] 唐苏克·伊德图：蒙古语译印度可汗的尊号，意思是有富食的可汗。汉文音译作“多洛诺达纳”。

[3] 阿日善·伊德图：蒙古语译印度可汗的尊号，意思是有神食的可汗。汉文音译作“阿密哩都达纳”。

[4] 阿润：蒙古语译印度人名，意思是贞洁。汉文音译作“苏达迪”。

[5] 察嘎克沁：蒙古语译印度人名，意思是白净。汉文音译作“舒噶拉迪”。

[6] 唐苏克：蒙古语译印度人名，意思是丰硕。汉文音译作“罗纳迪”。

[7] 阿密哩岱：蒙古语译印度人名，意思是甘露。汉文音译作“阿密哩迪”。

[8] 哈穆克·图萨·布图格克奇：蒙古语译印度人名，意思是一切义成。汉文音译作“萨尔瓦·阿尔塔·实迪”。

[9] 乌吉思古楞图·南岱：蒙古语译印度人名。汉文音译作“妙颜·南迪”。

[10] 伊拉古克森·西达：蒙古语译印度人名。汉文译作“胜者霞迪”。

[11] 特古勒德尔·赛音：蒙古语译印度人名，意思是全善。汉文音译作“巴迪哩噶”。

[12] 也克·讷日图：蒙古语译印度人名，意思是大名。汉文音译作“玛哈纳玛”。

[13] 乌鲁·道锐图克奇：蒙古语译印度人名，意思是不衰。汉文音译作“阿尼噜达”。

[14] 阿克塔：印度人名。汉文音译作“阿南达”。

[15] 迪瓦塔特：印度人名。汉文音译作“德瓦达特”。

[16] 玛西·赛图尔·乌哈克奇：蒙古语译印度人名，意思是最善知。汉文音译作“苏卜喇布达”。

额哩克图[1]、唐苏克之子巴迪喇[2]、阿密哩岱之子外萨哩[3]。

更言阿润·伊德图可汗之子哈穆克·图萨·布图格克奇皇子，岁在丙寅，阿斯比尼月[4]的二十二日，了其丹巴·多克尔[5]之生，以名曰阿兰扎瓦尔达的大象之形，自都西德之地[6]到南瞻部洲的玛嘎达国。岁在丁卯布尔瓦萨德月[7]之望夜，以五色光烨之形，降生于冉灿吉尔克城[8]，投胎于吗哈玛雅哈屯。岁在戊辰，斡迪喇巴勒古尼月[9]之望日，旭日东升时，尊身降生于伦必花园中。岁在甲寅[10]，自七岁始，专心修炼男儿之技艺。岁在癸未，年十六岁时，于葛必力克城[11]，娶手握布鲁图[12]之女布密嘎为夫人，辅助可汗执政。岁在丙申，年二十九岁时，于真净

◆ 铁释迦牟尼像 元代 ◆

[1] 额哩克图：蒙古语译印度人名，意思是有权或自在。汉文音译作“玛哩噶”。
[2] 巴迪喇：印度人名。汉文音译作“巴达喇”。
[3] 外萨哩：印度人名。汉文音译作“外沙里”。
[4] 阿斯比尼月：月名。汉文译作“娄金钩值月”。
[5] 丹巴·多克尔：汉文音译作“丹巴·多噶尔”。
[6] 都西德之地：天堂之名。汉文音译作“兜率天”。
[7] 布尔瓦萨德月：月名。汉文译作“箕水豹值月”。
[8] 冉灿吉尔克城：地名，意思是帝京。汉文音译作“兰咱吉尔阿”。
[9] 斡迪喇巴勒古尼月：月名。汉文译作“翼火蛇值月”。
[10] 甲寅：汉译本作“甲戌”。
[11] 葛必力克城：汉文音译作“噶必里克”。
[12] 手握布鲁图：蒙古语译印度可汗的尊号，意思是手里握有布鲁的。汉文音译作“丹达必尼”。

塔前，自愿为僧，在阿冉察喇[1]江畔苦行六年。岁在辛寅[2]，年三十五岁硕沙克月[3]之初八日，于菩提树下坐禅，入定七天，至十四日之夜，降魔于冉灿吉尔克城。其翌日——十五日之日出时，于玛嘎达国之金刚座上，修成了法力无边的释迦牟尼佛之道[4]。

其后，岁在癸卯，年三十六岁时，自密克月[5]之初一日始，至望日，在么吉塔园[6]等处大显神通。即于是年西拉丸月初四日始，转三乘之法轮，度化三世之一切生灵。岁在丁亥，年八十岁时，于硕沙克月十五日之夜，为谕业果之义，示无常之道于生灵。以其此厢之色身，而得涅槃之道。先时，此哈穆克·图萨·布图格克奇[7]皇子降生才六天，其母亲吗哈玛雅哈屯即示涅槃。其后，岁在辛（壬）寅，年三十五岁时，乃得佛道。后经六年，岁在丁未，以慧眼视之，则见其母亲吗哈玛雅哈屯已转生于三十三天之界，为引其（母亲）于菩提之道而起去，讲经九十日。其间，额讷特格的乌迪亚纳可汗，心中无聊[8]，遂命玛哈·木德格拉瓦尼[9]“去塑一尊同佛身之像，以满足我的心愿”。玛哈·木德格拉瓦尼使出其神

也速该把阿秃儿，蒙古尼鲁温（主干之意）部首领。孛儿只斤氏，名也速该。成吉思汗的父亲。勇敢且有智谋，号把阿秃儿（勇士）。12世纪初，其祖父合不勒可汗统一蒙古尼鲁温各部。他继其叔父忽图剌可汗成为尼鲁温蒙古之首领，曾击败篾儿乞惕人。公元1162年，征塔塔儿人，俘二人，其中一名铁木真。适其妻生子，遂为子取名铁木真，即成吉思汗。也速该后被塔塔儿人毒死。

[1] 阿冉察喇：印度地名。汉文音译作“阿兰扎喇”。

[2] 辛寅：汉译本作“壬寅”。

[3] 硕沙克月：月名。汉文译作“氐土貉值月”。

[4] 释迦牟尼佛之道：汉译本作“得……矣”。

[5] 密克月：月名。汉文译作“星日马值月”。

[6] 么吉塔园：地名。汉文作“祇陀园”。

[7] 哈穆克·图萨·布图格克奇：蒙古语译印度可汗的尊号。汉文音译作“萨尔瓦·阿尔塔·实迪”。

[8] 心中无聊：汉译本误作“衷心向慕”。

[9] 玛哈·木德格拉瓦尼：人名。汉文音译作“玛哈默德·噶喇瓦尼”。

◆ 七佛图（供养菩萨） ◆

通，去往三十三天之上，用名曰象首的旃檀木塑就一尊与佛一般无二、指手讲经的立身像。自天界请来，以使可汗欣慰。

其后，佛自天界归来，则其旃檀之象自行跪于佛前。于是，佛降旨预言道："此旃檀像，俟我哪一天涅槃之后一千年时，将至汉地，大修功德于东方！"

与博格达·释迦牟尼同时出生的还有：玛嘎达国瓦尔纳克城主[1]、萨迦氏也克·莲花[2]之子绰克察孙·吉如很可汗[3]，古色勒国[4]外萨哩城主、阿润纳·乌古克奇之子格萨勒日察勒可汗[5]，巴特萨拉国[6]乞扎嘎尔喇勒·乌贵[7]之子玛什·葛根可汗[8]，古森贝国[9]召温·彻力克图[10]之子、萨尔巴[11]可汗等。他们与三十二个国家中操持权柄的四大可汗同时降生，宣扬佛法，扶持了宗教。

古代的蒙古族，在同一个部落的贵族之间相互不能通婚，因为他们是同一个血统。他们只能将姑娘嫁给另一个部落的贵族，也只能娶另一个部落贵族的姑娘。因而演绎过俺巴孩汗将女儿嫁给塔塔儿人而被害等惊险故事。这样的婚姻制度下，人们有时用抢婚的手段来完成自己的婚事。

今言佛尊涅槃后的诸可汗源流，则有绰克察孙·吉如很可汗之子额尔德尼·萨仁[12]，其子玛斯萨拉·阿木古冷·维勒杜克奇[13]，其子阿日

[1] 玛嘎达国瓦尔纳克城：地名。汉译本作“瓦剌克”。

[2] 也克·莲花：蒙古语译人名，意思是大莲花。汉文作“玛哈巴达玛”。

[3] 绰克察孙·吉如很可汗：蒙古语译印度可汗的尊号，意思是实体之心。汉文音译作“彬巴萨喇”。

[4] 古色勒国：印度地名。汉文音译作“郭萨拉”。

[5] 格萨勒日察勒可汗：印度可汗的尊号。汉文音译作“巴喇哈玛达迪之子萨勒察勒可汗”。

[6] 巴特萨拉国：地名。汉文音译作“必特萨拉”。

[7] 乞扎嘎尔喇勒·乌贵：蒙古语译印度可汗的尊号，意思是无限。汉文音译作“阿南达”。

[8] 玛什·葛根可汗：蒙古语译印度可汗的尊号，意思是非常明朗。汉文音译作“巴喇迪岳达可汗”。

[9] 古森贝国：地名。汉文音译作“谷楚伞巴喇”。

[10] 召温·彻力克图：蒙古语译印度可汗的尊号，意思是有一百个士兵的。汉文音译作“沙达尼噶”。

[11] 萨尔巴：印度可汗的尊号。汉文音译作“乌迪亚纳”。

[12] 额尔德尼·萨仁：蒙古语译印度可汗的尊号，意思是宝月。汉文音译作“喇特纳赞达喇”。

[13] 玛斯萨拉·阿木古冷·维勒杜克奇：蒙古语译印度可汗的尊号，意思是圆月般安稳治国的。汉文音译作“玛尔吉实喇”。

◆ 锡林郭勒草原 ◆

斯兰[1]，其子阿日班·特日格图[2]，其子则（有脱文——译者注）。

岁在丁亥[3]，于佛尊涅槃的翌年，据其戊子纪年之法，自戊子年经一百一十年，岁在丁酉[4]，玛嘎达国主绰克察孙·吉如很可汗之孙玛斯乞斯尔拉可汗成为其施主，于必玛拉之洞[5]中，以主祭者忙来·阿南达[6]、奇忽拉·阿克奇[7]、嘎西卜[8]三位为首，会集五百镇敌阿润[9]，初演四谛法轮之旨。

即自此戊子年始，至一百一十年之丁丑年，阿日班·特日格图可汗

[1] 阿日斯兰：蒙古语译印度可汗的尊号，意思是狮子。汉文音译作“星哈”。

[2] 阿日班·特日格图：蒙古语译印度可汗的尊号，意思是有十乘的。汉文音译作“达沙塔喇”。

[3] 丁亥：汉译本作“丁丑”。

[4] 丁酉：汉译本作“丁丑”。

[5] 必玛拉之洞：山洞。汉文音译作“必玛拉邻纳洞”。

[6] 忙来·阿南达：蒙古语、梵语译印度人名，意思是之顶阿南达。汉文音译作“阿南达”。

[7] 奇忽拉·阿克奇：蒙古语译印度人名，意思是重要所在。汉文音译作“乌巴里”。

[8] 嘎西卜：佛教所言千十佛。汉文音译作“噶实卜”。

[9] 镇敌阿润：这里的出现的很多“阿润”是“阿日哈德”之误，指的是得道的罗汉。汉文音译作“罗汉”或“阿罗汉”。

之子噶萨冷·乌贵·诺门可汗[1]成为施主，于名曰外萨哩的大城中，以镇敌之特古勒德尔·阿木哩拉森[2]为首，会集七百阿润，演中土无相法轮之旨。

塔塔儿部：蒙古兴起以前蒙古高原上最著名的大部是塔塔儿部（Tatar）。突厥人曾以他们的名字来统称东部的室韦诸部。塔塔儿部包括很多支，《史集》和《蒙古秘史》均记载有六部，部分部名略有不同，但分布地域基本一致。承安元年（1196年），金国讨伐阻卜，败之于龙驹河（今克鲁伦河），追至斡里札河（也写作浯勒札河），降其部长，勒石记功而还。这次事件就是《蒙古秘史》第132～134节记载的金国王京丞相征讨塔塔儿人，追袭至浯勒札河之事。塔塔儿部是《辽史》《金史》中的诸“阻卜”之一部。

彼噶萨冷·乌贵·诺门可汗，如是修成佛尊之身、言、心之无量功德。

又自戊子年始，经三百年，岁在丁亥，乞其国[3]之主格尼葛可汗[4]成为施主。在乞其国的古纳实纳地方的咱拉达喇寺[5]中，妖神玛哈迪瓦[6]降生为僧，施展法力搅乱了佛教。因此，以巴苏密达为首的五百菩萨、五百阿润[7]、五百班第达等，宣演大乘法轮之旨。

与此同时，降生拉克察·旃丹[8]、哈拉·旃丹[9]、西拉·旃丹[10]、昂吉·旃丹[11]、达尔玛·旃

[1] 噶萨冷·乌贵·诺门可汗：蒙古语译印度可汗的尊号，意思是无哀经典之可汗。汉文音译作“阿硕噶可汗”。

[2] 特古勒德尔·阿木哩拉森：蒙古语译罗汉名字，意思是全安者。汉文音译作“巴迪哩噶”。

[3] 乞其国：印度地名。汉文音译作“喀齐国”。

[4] 格尼葛可汗：可汗的尊号。汉文音译作“噶尼噶”。

[5] 咱拉达喇寺：寺名。汉文音译作“察拉勒达喇”。

[6] 玛哈迪瓦：人名。汉文音译作“玛哈德瓦”。

[7] 阿润：也是“阿日哈德”之误，意思是罗汉或阿罗汉。

[8] 拉克察·旃丹：人名。汉文音译作“兰扎赞达”。

[9] 哈拉·旃丹：人名。汉文作“哈哩赞达”。

[10] 西拉·旃丹：人名。汉文作“锡哩赞达”。

[11] 昂吉·旃丹：人名。汉文音译作“昂吉赞达”。

◆ 红衣罗汉图 ◆

丹[1]、必玛拉·旃丹[2]、古密·旃丹[3]七位旃丹；库·巴拉[4]、达尔玛·巴拉、必格·巴拉[5]、喇木·巴拉、迪克·巴拉[6]、茂·巴拉、尼·巴拉七位巴拉；巴拉·西纳、喀卜·西纳[7]、安克达·西纳[8]、拉哈玛·西纳[9]四位西纳等诸可汗，扶助了佛教。

其详情则不可思及，故未尽著录。

[1] 达尔玛·旃丹：人名。汉文音译作“达尔玛赞达”。

[2] 必玛拉·旃丹：人名。汉文音译作“必玛拉赞达”。

[3] 古密·旃丹：人名。汉文音译作“郭密赞达”。

[4] 库·巴拉：人名。汉文音译作“郭巴拉”。

[5] 必格·巴拉：人名。汉文音译作“瓦噶巴拉”。

[6] 迪克·巴拉：人名。汉文音译作“迪木巴拉”。

[7] 喀卜·西纳：可汗的尊号。汉文音译作“噶伯锡纳”。

[8] 安克达·西纳：可汗的尊号。汉文作“安达锡纳”。

[9] 拉哈玛·西纳：可汗的尊号。汉文音译作“拉噶玛锡纳”。

第二章

吐蕃特诸可汗源流

今言雪山之腰诸可汗源流。毕里衮·忽雅克师尊所撰《佛嗣佛颂注》一书中称：也克·萨迦[1]、萨迦[2]、里斋·斡哩[3]等修行于山中的三主。其第三族中的名曰满都拉克奇可汗[4]之子，伊特格勒·阿日斯兰可汗[5]的五位儿子，与凶敌十八万军作战，其幼子汝巴迪[6]逃到雪山之腰，成为吐蕃特的雅尔隆氏。

其时，巴特萨拉[7]国的名曰奥如鲁克奇可汗[8]生一子，其发如犀毛，齿如白螺，手足之指则有蹼如鸭，目则如鸟之下睑上合，乃为瑞相全备

[1] 也克·萨迦：人名。汉文音译作“玛哈沙嘉”。

[2] 萨迦：人名。汉文音译作“斡里沙嘉”。

[3] 里斋·斡哩：人名。汉文音译作“沙嘉里钗”。

[4] 满都拉克奇可汗：蒙古语译吐蕃特可汗的尊号，意思是使兴之可汗。汉文音译作“乌迪亚纳可汗”。

[5] 伊特格勒·阿日斯兰可汗：蒙古语译吐蕃特可汗的尊号，意思是信狮。汉文音译作“班达巴可汗”。

[6] 汝巴迪：人名。汉文音译作“乌伯迪”。

[7] 巴特萨拉：地名。汉文音译作“巴特沙拉”。

[8] 奥如鲁克奇可汗：蒙古语译图伯特可汗的尊号，意思是招降之可汗。汉文音译作“乌迪亚纳可汗”。

◆ 棋盘山 ◆

之子。遂召卜者婆罗门等来相面，则曰："此儿克父，宜杀之。"其父亲命其臣等去杀之。其臣等遵可汗之命欲行刑，用各种利刃皆不能伤，于是装进黄铜匣内，弃于恒河中。

当时，外萨哩城附近有一位老农民，正在江畔耕地，忽见江中有匣子闪光，捞出匣子，打开其盖一看，是有一位美貌的小孩子。老人原来没有儿女，他想抚养这个孩子。为了避开可汗的耳目，把孩子藏匿在树下养起来，群鸟衔水果，众兽衔净肉来哺育这个孩子。

奥鲁：明代汉译为老小营，指征戍军人的家属所在。蒙古国时期，男丁充军出征，家属和童仆按千户在后方或随军从事生产，经营畜群和其他产业，供应前方，称为奥鲁。

后来，那孩子学会了言语，问："我是谁的儿子？叫什么名字？"老人将以前的事全部告知了他。小孩子听完之后，有些惊讶，遂奔东方的雪地而去。于是到了温都尔·库烈图·腾

蒙元驿站：13世纪，北方草原上崛起的蒙古族在成吉思汗的带领下，南攻西征，征服了欧亚很多国家和民族。在这广袤的领土上，各地方、各民族间的联系何其重要。因而，蒙元时期，驿站得到了前所未有的发展机遇和空间。成吉思汗《大札撒》明确规定："设立驿站，以便迅速得知国内发生的各种事件。"《多桑蒙古史》记载："成吉思汗仿中国制度于大道上设置驿站，以供官吏旅行应用之需，由居民供应驿马，驿递夫之食粮，以及运输贡物之车辆，亦有居民供应之。定有一种规章，使用驿马者应遵守之。先是经行鞑靼地域之外国人，常受其地多数独立部落之劫掠。自是以后，有一种严重之警巡，道路遂安。"

格哩山[1]，自承格克奇·腾格哩山[2]之巅，顺九级福阶而下，到雅尔隆额尔和图平原[3]中的四门塔前。在那里遇见了天界的特卜新道士和地上的章道士等人。他们问："你是谁的儿子？叫什么名字？"那孩子不说话，只用食指指了指上天。他们说："那么，你是上天的儿子吧？看相貌都与平常人不一样！"那孩子回答说："我是上天的儿子，我的父祖乃是古代斡喇纳·额尔古克德森可汗的黄金后裔。"遂细述自己以前的事情。于是，大家商议道："这个孩子以前在水中不曾死掉，继而群鸟众兽与人共养他。以此看啊，他肯定是上天之子无疑！"于是，让他坐在木头椅子上，人们用肩膀轮班抬着，登上积雪的散布山巅[4]，众议而尊为诺颜。

自前戊子纪年以来，至一千八百二十一年，岁在戊申，即可汗位，称色格日·散达里图可汗·陀格勒·伊津[5]。他征服四夷，成了八十八万吐蕃特国的领主。其子穆德哩·巴禅布·脱勒可汗为胡温·西

[1] 温都尔·库烈图·腾格哩山：蒙古语译地名，意思是圈子形状的天山。汉文音译作"拉里姜托山"。

[2] 承格克奇·腾格哩山：蒙古语译地名，意思是翠微天山。汉文作"拉里罗勒博山"。

[3] 雅尔隆额尔和图平原：蒙古语译地名，意思是雅尔隆地方的自在甸子。汉文音译作"雅尔隆赞塘平原"。

[4] 散布山巅：地名。汉文音译作"善布"。

[5] 色格日·散达里图可汗·陀格勒·伊津：蒙古语译可汗的尊号，意思是有项床之可汗。汉文译作"天下共主尼亚持赞博合罕"。

◆ “应历年”石佛像 辽代 ◆

热图[1]，其子拉迪·巴禅布·乞雅·扎日布为西布温·西热图[2]，其子库哩·库鲁克为噶勒·宝鲁日·西热图[3]，其子伊迪·巴禅布·艾杜勒嘎为阿日拜·西热图[4]，其子必迪·巴禅布·滚·苏斌为茂林·西热图[5]，其子迪古木·巴禅布·达赖·苏斌·阿如·阿拉坦·西热图可汗[6]等七位可汗被称为天界七床可汗。他们临终之时，各个循其足向上浸透至头顶而出的梯杭灵光，至空中化为虹霓而去，葬其遗体于天界。

迪古木·巴禅布·达赖·苏斌·阿如·阿拉坦·西热图可汗为其大臣隆纳木所害，其臣遂即可汗位。先可汗的三个儿子逃了出来，长子西

[1] 胡温·西热图：蒙古语译可汗的尊号，意思是有人床之可汗。汉文音译作“穆迪赞博可汗”。

[2] 西布温·西热图：蒙古语译可汗的尊号，意思是有鸟床之可汗。汉文音译作“德迪赞博可汗”。

[3] 噶勒·宝鲁日·西热图：蒙古语译可汗尊号，意思是有红色水晶床之可汗。汉文注明“兹有脱文”。

[4] 阿日拜·西热图：蒙古语译可汗的尊号，意思是有麦床之可汗。汉文音译作“伊迪赞博可汗”。

[5] 茂林·西热图：蒙古语译可汗的尊号，意思是有马床之可汗。汉文音译作“必迪赞博可汗”。

[6] 迪古木·巴禅布·达赖·苏斌·阿如·阿拉坦·西热图可汗：蒙古语、梵语译可汗的尊号，意思是有海维北金床之可汗。汉文音译作“迪库木赞博可汗”。

巴古楚逃到伊囊布[1]之地，次子布拉楚[2]逃到布博[3]之地，幼子孛儿帖•赤那[4]逃到古谷[5]之地。

其臣隆纳木占据可汗位一年半之时，有几位前可汗的大臣，携其哈屯逃了出去，并说服诸多属邦成为自己的联盟者，反叛并杀死了隆纳木可汗。之后，他们共同商议道："应当请（原可汗）三子之中的一个人为可汗。"哈屯对他们说："昔日当我生布拉楚之前，一夜梦与一位白色人共寝，后产一颗蛋，从那颗蛋孵出此布拉楚儿子。以此看啊，他是应天命而生的人，叫他来吧！"大臣们遵旨，从布博之地迎请来布拉楚，拥立为可汗，称宝图·贡尔吉勒可汗[6]。

其子阿苏力克[7]，其子迪苏力克[8]，其子卜如日奇力克[9]，其子古如木力克[10]、希勒嘤力克[11]等六位，被称为地界的好可汗。因为将他们的遗体葬于地中，于是有了葬诸可汗于地里的习俗。

十恶为刑法术语，为十种重大罪名，即谋反、谋大逆、谋叛、恶逆、不道、大不敬、不孝、不睦、不义、内乱。《开皇律》最早提出，凡触犯者皆从严惩治，不予赦免。以后历代相沿，成为定制。元朝时期重申了这个规定。通常我们所说"十恶不赦"就是指的这个意思。

（希勒嘤力克）之子迪鲁·哈木

[1] 伊囊布：地名。汉文音译作"宁博"。

[2] 布拉楚：人名。汉文音译作"博啰出"。

[3] 布博：地名。汉文音译作"包博"。

[4] 孛儿帖·赤那：人名。意思是"苍狼"。有学者称"蒙古古代图腾之一"。汉文作"布尔特齐诺"。

[5] 古谷：地名，又作"布博"。汉文音译作"恭博"。

[6] 宝图·贡尔吉勒可汗：可汗的尊号。汉文音译作"苏布迪·恭嘉勒"。

[7] 阿苏力克：可汗的尊号。汉文作"罗勒咱凌"。

[8] 迪苏力克：可汗的尊号。汉文脱文。

[9] 卜如日奇力克：可汗的尊号。汉文脱文。

[10] 古如木力克：可汗的尊号。汉文音译作"库噜木凌"。

[11] 希勒嘤力克：可汗的尊号。汉文音译作"希勒玛凌"。

◆ 六字真言刻石 ◆

苏克[1]，其子迪斯巴勒，其子迪日诺雅[2]，其子萨日努纳木[3]，其子苏瓦[4]，其子萨琳吉勒·巴禅[5]，其子萨东里·萨东·巴禅[6]，被称为振兴家族之七位可汗。

（萨东里·萨东·巴禅）之子迪纳木·巴禅[7]，其子托克台·托克·巴禅[8]，其子[9]拉哈托多力。自前戊子纪年以来，二千四百八十一年，岁在戊申，生拉哈托多力[10]。岁在丁卯，拉哈托多力年二十岁即可汗位。有一天，可汗正坐在温布·拉冈殿上时，自空中降下邦公之手、一尺高的纯金塔、有六字真言的如意宝匣、《萨木多克经》四件物，齐落于大

[1] 迪鲁·哈木苏克：可汗的尊号。汉文音译作“迪噜·海木松”。

[2] 迪日诺雅：可汗的尊号。汉文音译作“迪若雅”。

[3] 萨日努纳木：可汗的尊号。汉文音译作“萨拉特纳木”。

[4] 苏瓦：可汗的尊号。汉文音译作“曹瓦”。

[5] 萨琳吉勒·巴禅：可汗的尊号。汉文音译作“萨琳嘉勒灿”。

[6] 萨东里·萨东·巴禅：可汗的尊号。汉文音译作“洞哩洞占”。

[7] 迪纳木·巴禅：可汗的尊号。汉文作“克迪纳木灿”。

[8] 托克台·托克·巴禅：可汗的尊号。汉文音译作“都克迪都克灿”。

[9] 此处蒙古文脱文：持托克哲占，其子。

[10] 拉哈托多力：可汗的尊号。汉文音译作“拉托哩年赞”。

◆ 八思巴文经板 ◆

必满殿的金幔之上。然而，因为不认识那些物和经为何物，人们将它们均藏于仓库中。因为将这些宝物放在地上的缘故，可汗的福荫坠落，国中生子则为无目的瞎子，粮谷不长，灾疫盛行，祸患不断。

万户，军官名。成吉思汗建立大蒙古国后封授右、左、中三万户，分领所属军民。蒙古语作土绵。元代承袭，成为军制。中枢及外路均设万户，子孙世袭。设万户府统千户所，置万户一员。

这样又过了四十年，岁在丁卯，可汗六十岁的那年，一天夜里，可汗梦见有五位陌生臣下来到他身边说："唉！可汗啊！为什么要隐藏那些大世尊的珍宝呢？"说完，不见了。于是，可汗与内府大臣们商议，取出所藏的四件宝物，系于纛顶之上，共同祭拜。于是，可汗的福寿俱增，生子则俊秀，五谷丰登，灾疫消失，享受太平安乐之福。因使唪诵《玛尼·格木布木》[1]，得到宗教之首的地位，宗教之兴从此开始。

[1] 《玛尼·格木布木》：佛经之名。汉译作《多宝经》。

克烈部：大蒙古国建立以前，蒙古高原上最大、最强的一个部落是克烈部（Kereyit），也称怯烈、克烈亦惕、凯烈等。克烈部分布在大抵东至怯绿连河（胪朐河）上游之南，西至杭海岭（杭爱山），北至土兀剌河（今土拉河）和斡耳寒河（今鄂尔浑河）下游一带，北临大漠。克烈部的族属问题，至今悬而未决。多数学者持突厥说，以伯希和为代表；也有人持蒙古说，其论据来源于陶宗仪《南村辍耕录》和拉施特《史集》的记载。如韩儒林主编的《元朝史》认为"克烈人很可能是最早西迁的室韦—达怛部落——九姓达怛的后裔。他们在几个世纪中与突厥语族部落杂居，因而在风俗、语言等方面受到突厥族的强烈影响，其社会发展水平较其他蒙古部落先进，到12世纪时已有初具规模的国家机构了"。

（托多力可汗）其子迪克南·格松·巴禅[1]，其子萨达纳哩·萨哈星[2]，其子哈玛哩·斯容巴禅[3]等被称为妙言七可汗。其子自前戊子纪年以来，历二千七百五十年，岁在丁丑，由母亲萨木里·托特格尔哈屯[4]生一瑞相全备，顶显阿敏达瓦佛相[5]，美貌灵异的儿子。（大家）说："这是什么孩子？听说过去我们的色格日·散达里图可汗[6]生为异相之子时，不知其缘故，而曾弃于刚嘎·木仁[7]中。而今不管他是什么样的孩子，总是我们的孩子！"遂予以小名曰"格哩勒达·斯如克·巴禅"，用红绸裹其顶上的阿敏达瓦佛相而隐藏起来。

后至十三岁，岁在己丑年，即可汗位。遂征服邻近的诸小可汗。岁在辛（壬）辰，年十六岁时，派遣托密之子托密·散布拉诺颜[8]及十六名随从人员前往额讷特格学习文字。遂从额讷特格的班第达·腾格林·乌

[1] 迪克南·格松·巴禅：可汗的尊号。汉文音译作"迪克难颂赞"。

[2] 萨达纳哩·萨哈星：可汗的尊号。汉文音译作"达噶里·墨勒希克"。

[3] 哈玛哩·斯容巴禅：可汗的尊号。汉文音译作"纳木哩·苏荣赞"。

[4] 萨木里·托特格尔哈屯：人名。汉文音译作"必哩玛·托特噶尔"。

[5] 阿敏达瓦佛：佛名。汉文音译作"阿弥陀佛"。

[6] 色格日·散达里图可汗：蒙古语译印度可汗的尊号。汉文作"尼雅赤赞博合罕"。

[7] 刚嘎·木仁：蒙古语译河名。汉文音译作"恒河"。

[8] 托密·散布拉诺颜：蒙古语、梵语译人名。汉文音译作"通密之子通密·伞布喇"。

◆ 金佛像　元代 ◆

哈努·阿日斯兰[1]学习音义学。他将额讷特格文字结合吐蕃特语，收辅音三十字于四母音字中，又合克奇[2]字，自其三十四辅音中，删去十一字，所余二十三字上增益始创的吐蕃特六字母，并加阿字，制成吐蕃特三十字母，著《字音》等八部大经而返。于是可汗大悦，住学四年，翻译《萨多克经》[3]《邦公手经》《三宝云经》等经文。

自是施以严政，为使吐蕃特近邻之众遵奉宗教，制定了杀人则罚输一千安楚[4]、偷盗则断其手臂、诈伪则割其舌头等严酷的刑法。令扬弃十恶罪孽，施行十福之政。故国中普称乌哲克奇·额尔克图·也克·尼古勒苏克奇[5]之显化，转千金轮之德额度·咱卡拉瓦伦可汗·斯如克赞·堪

阿里麻里：元代西北重镇，察合台汗国都城，突厥语为苹果园之意。遗址位于今新疆伊犁哈萨克自治州霍城西13公里处。

[1] 班第达·腾格林·乌哈努·阿日斯兰：蒙古语、梵语译人名。汉文音译作“班第达·德瓦必特雅星哈”。

[2] 克奇：汉文作“喀齐”。

[3] 《萨多克经》：佛教经典之名。汉文音译作《萨玛多克经》。

[4] 安楚：汉文音译作“俺出”。

[5] 乌哲克奇·额尔克图·也克·尼古勒苏克奇：蒙古语译佛名。汉文译作“大慈观世音菩萨”。

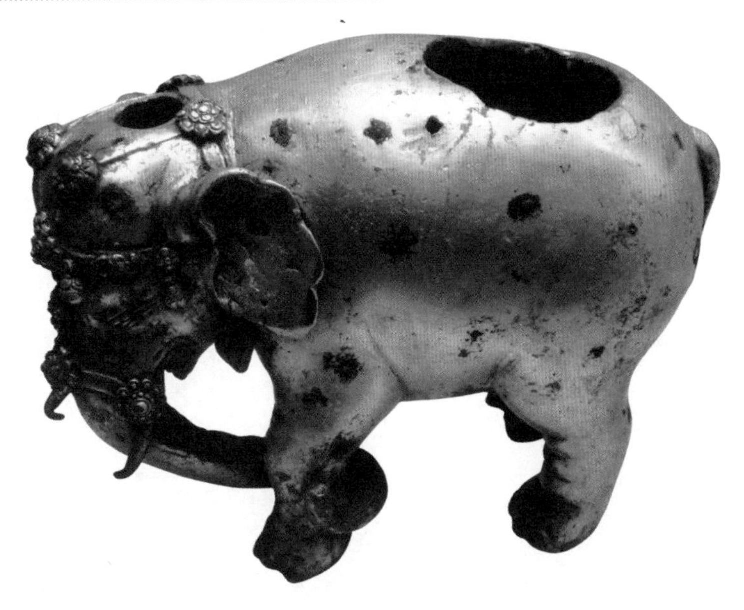

◆ 鎏金铜象 ◆

布[1]。

于是，可汗心想须供一尊佛像。乃从自己心中化出一位与自己一样的也有阿敏达瓦佛相的，名字叫嘎日玛·迪斯第[2]的僧人。对他降旨道："从前在克尔戈苏迪佛[3]的时代，乌哲克奇·额尔克图·阿日班尼根尼古日图[4]，降自阿吉尼斯塔[5]之处，化入额讷特格西方星吉勒·达赖[6]边的一颗蛇心旃檀树之地下根内。在葛讷格牟尼佛[7]之世生发，后至嘎

[1] 转千金轮之德额度·咱卡拉瓦伦可汗·斯如克赞·堪布：蒙古语译吐蕃特可汗的尊号。汉文译作"转千金法轮之世尊咱噶尔瓦抡合罕，荣赞堪布"。

[2] 嘎日玛·迪斯第：佛名。汉文音译作"噶尔玛谛迪"。

[3] 克尔戈苏迪佛：佛名。汉文音译作"拘留孙佛"。

[4] 乌哲克奇·额尔克图·阿日班尼根尼古日图：蒙古语译佛名。汉文译作"大慈十一面观世音菩萨"。

[5] 阿吉尼斯塔：天堂之称呼。汉文译作"色究竟天"。

[6] 星吉勒·达赖：海名。汉文音译作"星哈拉海"。

[7] 葛讷格牟尼佛：佛名。汉文音译作"拘那含牟尼佛"。

◆ 寄锦图 ◆

西卜佛[1]之世，长成大树。至今之释迦牟尼佛之世，叶茂花开而结果实。当佛尊涅槃之时，倒而为尘土所埋。今当取出，请那伊特格勒·阿日班尼根尼古日图[2]来。到那个星吉勒·达赖海边，在那里有一群卧象，其中卧有一尊耳朵上坠以乞拉冈药[3]的红鼻子大象，名字叫阿拉扎瓦日丹[4]。将它驱起，掘其地下，则蛇心旃檀树就在那里。”说罢，派他前去。

那位神僧使用神通顷刻而至，看到确有一群大象在卧着，将它们驱起，则不肯远去，站在那里等候着。

于是，神僧劈断那旃檀树的树枝，树枝发出：“且慢砍”之声。须臾，由其自裂的口中，现出十一面伊特格勒·乌哲克奇·额尔和图[5]自成之身。

[1] 嘎西卜佛：佛名。汉文音译作“迦叶佛”。

[2] 伊特格勒·阿日班尼根尼古日图：蒙古语译佛名。汉文译作“十一面菩萨”。

[3] 乞拉冈药：药物名。汉文译作“牛黄药”。

[4] 阿拉扎瓦日丹：汉文音译作“阿兰扎瓦尔达”。

[5] 伊特格勒·乌哲克奇·额尔和图：蒙古语译佛名。汉文作“十一面观世音菩萨”。

于是，复从嘎西卜佛[1]尊开光的花轮之塔的下面，请出三位佛尊的舍利子甚多。当时，那头阿拉扎瓦日丹[2]大象用人话许下恶愿说：“作为你化身的那个可汗，当我早先祈求寿福的时候，曾忘记了我。而今天，又夺我乘凉之地。我将来转世之时，要生成一位大力可汗，誓要毁掉你的宗教！”

由是，请那个菩萨之像进献于可汗，并转告大象所说的话语。可汗降旨道：“过去，我在额讷特格国[3]为名叫德格杜·阿木古冷之姑娘[4]的儿子建造巴萨荣·格苏尔塔[5]。在塔前许愿的时候，遗忘了一头运土的犍牛而未设愿，那头犍牛发怒，设了恶愿。我知道其设恶愿，又设愿而与其结缘。如今，这头大象在卧乌哲克奇·额尔克图之上，因其妒心应该得到了平衡，将来镇服他也不难。然而，镇服它的缘分还是在于我。”

其后，可汗思及“接济这个雪地的生灵，须要有尊圣之经”，见自我化成之身的眉目间射出两道光芒。一道光芒照耀巴勒布国主格日林·忽雅克可汗[6]的女儿哩卜孙公主[7]。其女甲申年生，年方十六岁，妙相全备，典雅无瑕，观而不厌，口吐菊花之香气，为得宝藏真谛之女。另一道光芒则照耀乞塔特之地唐太宗可汗之女乌丹崇公主[8]。（公主）亦甲申年生，年方十六岁，妙相全备，艳丽无双，观而不厌，口吐夷地旃檀香气，得书史精义之女。

于是，可汗欲先请巴勒布之女，命托密·散布拉诺颜[9]、斡仁·唐

---

[1] 嘎西卜佛：佛名。汉文译作“迦叶佛”。

[2] 阿拉扎瓦日丹：神象之名。汉文音译作“阿兰扎瓦尔达”。

[3] 额讷特格国：印度国名。汉文作“额讷特格”。

[4] 德格杜·阿木古冷之姑娘：蒙古语译人名。汉文译作“苏喀巴喇公主”。

[5] 巴萨荣·格苏尔塔：佛塔之名。汉文音译作“沙荣·喀硕尔”。

[6] 格日林·忽雅克可汗：蒙古语译可汗的尊号。汉文译作“巴喇木巴瓦尔玛可汗”。

[7] 哩卜孙公主：人名。汉文音译作“哲卜尊公主”。

[8] 乌丹崇公主：人名。汉文作“文成公主”。

[9] 托密·散布拉诺颜：人名。汉文音译作“通密·伞不喇诺颜”。

《黄史》原名为《古代蒙古汗统大黄史》，作者不详。其成书年代不确定，众说不一，目前只确定为1662年前成书。《黄史》在世上流传的版本有四种，最早发现《黄史》的是俄国的拉德洛夫，1891年拉德洛夫在领导俄国科学院鄂尔浑考察队期间，从蒙古北部地区获得了一部无标题的蒙古文编年史，于是把这部编年史暂命名为《拉德洛夫史》。此后，俄国波兹德涅耶夫发现了两部《黄史》抄本，其中一部为无标题，计76页。书号为F264。波兹德涅耶夫发现的另一部《黄史》抄本计为43页。在此抄本封面上标写了该书全名《古代蒙古汗统大黄史》，这部抄本的内容与当时人们所称的《拉德洛夫史》相同，从此人们才知道拉德洛夫发现的抄本的名称为《黄史》。1957年苏联人沙斯提娜将上述三种抄本进行校勘后，与俄文和注释一起在苏联出版，书名为《黄史——十七世纪的蒙古编年史》。还有蒙古国乌兰巴托国立图书馆有本藏式贝叶装抄本，上述抄本是迄今为止发现的《黄史》四种抄本。

哩克[1]二人前往，并教他们说："巴勒布可汗问你们三件事，你们看此三匣子中的书籍而回答他的问题吧！"见到他们，格日林·忽雅克可汗问起三件事。他们依可汗交给他们的三匣子书而回答了他的问题。（巴勒布可汗听到他们的回答）惊讶又害怕，许嫁阿古哩勒图·额克[2]的化身哩卜孙公主。这位哩卜孙哈屯，随身带嘎西卜佛尊开光的召·阿克苏白·瓦奇尔·麦达哩[3]法轮之像，用古如硕沙·旃檀[4]所塑的察干·达喇·额克之像以及自然化成之三尊身为首的巴勒布所有的经卷到吐蕃特。

由是，复遣使往请乌丹崇公主，亦如所请，交给使臣三匣子书，派遣哩斯如·公斯顿、斡仁·唐哩克、托密·散布拉三位诺颜带领三百名使者前去。为了聘娶那位公主，额讷特格的诺敏可汗、迪星·额尔德恁可汗、蒙古林·豁喇勒的额镇可汗、格萨尔·彻里滚可汗四处使臣同时到达。可汗因为虔诚于佛经，想将女儿嫁给诺敏可汗；其母亲哈屯额克因为喜爱财富，想将女儿嫁给额尔德恁可汗；可汗的儿子、其兄因为爱

[1] 斡仁·唐哩克：蒙古语译人名。汉文作"噶尔丹巴"。

[2] 阿古哩勒图·额克：蒙古语译佛名，又作"察干·达喇·额克"。汉文译作"白颜救世佛母"。

[3] 召·阿克苏白·瓦奇尔·麦达哩：佛名。汉文译作"不动金刚弥勒"。

[4] 古如硕沙·旃檀：汉文译作"牛首旃檀"。

慕英雄，想将妹妹愿嫁给豁喇勒的额镇可汗；公主自己因为爱美，想嫁给彻里滚可汗。结果，谁也未及提吐蕃特（的可汗）。

那位（唐）太宗[1]是个睿智的人，他想："听说这个吐蕃特的可汗是个不寻常的人，不管怎么样，首先听听吐蕃特使臣的言语。"对吐蕃特的使臣说："你们的可汗是否相信佛祖？相信则把女儿嫁给他！否则，就不要嫁女儿给他。"使臣斡仁将装匣子的信件呈了上去。（唐太宗）可汗打开匣子看其信件，如给巴勒布可汗的信件一样，在蓝色纸上用金宝写成汉字。称："太宗可汗您有信仰，而我没有信仰。如果有一天，我派遣自己的一百零八个化身，朝你们乞塔特[2]修建一百零八个寺庙的话，是不是奇迹啊。既如此而你还不把女儿嫁给我的话，我则派遣我神奇的众兵前去，杀死你，劫掠你的女儿，破坏你的领土。"

（唐太宗）看完信件，心想："这是真的吗？或是在撒谎？如果是真的，那就麻烦了！"（想到这里）问（吐蕃特的使臣）："你们的可汗有诺敏·札萨克[3]吗？如果有的话，我就把女儿嫁给他。如果没有的话，就不会嫁给他。"使臣斡仁呈上另一个匣子说："我们可汗的旨意在此，请您赐读。"信中写道："太宗可汗您有诺敏·札萨克，而我没有。如

[1] 唐太宗：李世民（公元598年—649年），唐朝第二位皇帝，杰出的政治家、战略家、军事家、诗人。

[2] 乞塔特：古代蒙古文书记称中国之称谓。

[3] 诺敏·札萨克：蒙古语，意思是"佛教教权"。

◆ 铜鎏金冠饰　元代 ◆

果有一天，我派遣自己的化身一千个转法轮之可汗，施行十福之诺敏·札萨克的话，是不是奇迹啊。既如此而你还不把女儿嫁给我的话，我则使用神通派遣神奇众兵前去杀死你，劫掠你的女儿，破坏你的领土。”

（唐太宗）看完信件，心想：“唉，这是真的吗？”又问：“你们的可汗有没有五欲之幸福？有的话，把女儿嫁给他。如果没有的话，不嫁给他。”使臣斡仁拿出第三封信件，呈上。如前叙述。（唐太宗）打开信件一看，信上写道：“太宗可汗您有五欲之幸福，而我没有。如果您企图幸福，不把女儿嫁给我，则我将自己的化身分成五百个，献出在眼睛里不一样的一千种美丽的景观，在耳朵中不一样的一千种好听的音韵，在鼻子里不一样的美味的好香料，在舌头上不一样的一千种好食品，（穿）在身上不一样的一千种柔软的衣服，是不是奇迹啊。如此你还不把女儿嫁给我的话，我将使用神通派遣无数的军队前去杀死你，劫掠你

的女儿，踏平你的所有领土。”

《居家必用事类全集》，元无名氏撰，是一部家庭日用手册式的类书，全书内容丰富多彩，教育子女、孝敬长辈、冠婚丧祭等内容应有尽有。全书共十集，内容丰富，以十天干为序第。本书的史料价值非常大，对于蒙元时期的社会生活史的研究有重大作用。有北京图书馆古籍珍本丛刊本。

（唐太宗）看到这封信，心想："这话当真？"他虽然惧怕在心，装出泰然的样子说："明天我还要宴请五百位使臣，你们早点过来！"翌日，那些使臣过来后，（唐太宗）准备盛宴招待他们，并分给每人一大坛烈酒说："谁能喝完这一坛子烈酒的话，我就把（女儿）嫁给他（的可汗）。"于是，除了（使臣斡仁）以外的所有人，谁也没有喝完一坛烈酒，都醉了，找不到各自的住处，睡到了别人的房间里。

使臣斡仁早晨过来的时候，把过来的路用染料做了记号。先把自己一坛酒分给每人一楚古彻[1]，将其喝完。晚上顺做好的记号，回到自己的房间。翌日，到可汗的身边说："我们喝完了（一坛烈酒），把（女儿）嫁给我们（的可汗）吧。"

（唐太宗）又要测试，说："今天要分给你们每人一只绵羊，等到明天，谁能吃完它的肉，熟好它的皮子的话，我就把女儿嫁给他（的可汗）。"其他使臣谁都没能吃完一只绵羊的肉，也没有熟好皮子。使臣斡仁先把一只绵羊杀了，品尝完羊肉，熟好羊皮之后，他（对唐太宗）说："我们完成了，（把女儿）嫁给我们（的可汗）吧。"

[1] 楚古彻：蒙古语"楚古彻"，现在科尔沁地区用于点佛灯的铜杯。这里指酒杯。

答失蛮元代伊斯兰教教士称号，或作达失蛮。中亚地区伊斯兰教徒尊称其教师、神学家为答失蛮，波斯语为“有知识”之意。蒙古人最初接触的是中亚伊斯兰教徒，故用此称呼来概称伊斯兰教士，职责为掌管密昔吉和伊斯兰教学校，主持诵经、祈祷及教育等宗教事务。后来在元代时也被用作人名。

（唐太宗又要测试）将一百头骒马和一百只马驹子分开来交给每一位使臣，叫他们到第二天，搭配好木马和马驹。谁能对得上，就把女儿嫁给他（的可汗）。其他使臣们费了好大力气，强行配对。结果，都失败了。使臣斡仁将骒马和马驹子分开圈了一宿。第二天早晨放出来，马驹子个个跑过去吮吸母奶。他（对唐太宗）说：“我们配好了母子，把女儿嫁给我们（的可汗）吧。”

（唐太宗）又把五百只母鸡和鸡雏交给各国使臣，说：“谁能把它们母子配对起来，就（把女儿）嫁给他们（的可汗）。”于是，其他使臣强行配对母鸡和鸡雏，一个也配不上，鸡都四散逃走了。使臣斡仁拿一把米撒在地上，把母鸡和鸡雏放了出来。鸡雏各个跑到各自的母亲嘴边，跟着吃米。如此配对之后，他（对唐太宗）说：“我们完成了，（把

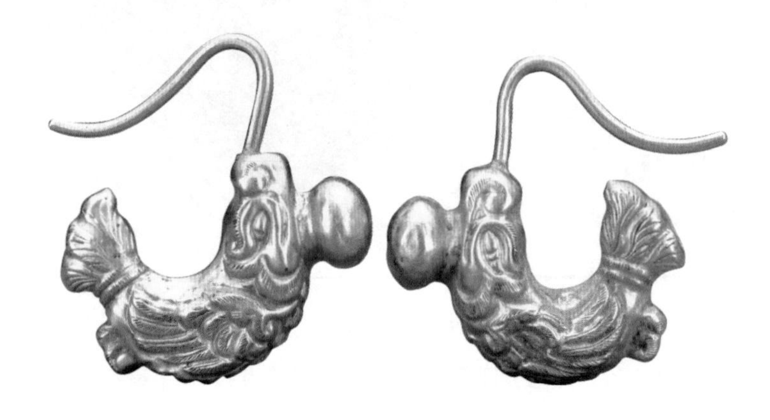

◆ 摩羯形金耳坠　辽代 ◆

◆ 三足双耳铁撑 元代 ◆

女儿）嫁给我们（的可汗）吧。”

（唐太宗）又把五百棵哈喇木头的枝杈砍掉，（交给使臣们）说：“谁能识别其根和梢，就（把女儿）嫁给他们（的可汗）。”于是，其他使臣绞尽脑汁也没能识别出来。使臣斡仁将其扔进水里，看到树梢上翘，树根下沉。他（对唐太宗）说：“我们识别了，（把女儿）嫁给我们（的可汗）吧。”

（唐太宗）让公主与五百个姑娘穿戴一模一样，让她们排列整齐坐在自己身边。对各国使臣说：“使臣兄弟们，第二天过来认认吧！”其他的使臣均为权势大的人，所以，按权势的大小，一个一个地起来确认。他们认为

帝师：元朝皇帝从吐蕃请来喇嘛充当的一种最高神职。从元世祖忽必烈开始，每朝皇帝都供奉帝师。元代各帝师都是乌斯藏佛教流派之一萨斯迦派的高僧。元朝统治者尊奉吐蕃佛教，帝师在元廷地位极高。自帝、后妃都接受灌顶洗礼。帝师的存在使佛教在全国获得了高于其他宗教的优越地位。

◆ 嵌松石立羊形金戒指 北魏 ◆

“一个不是则另一个肯定是”的心理，每一个使臣挑选两个美丽漂亮的姑娘回国了。使臣斡仁原来与公主身边的一位姑娘相好。他对她说：“明天从五百个姑娘中确认公主，哪位是真正的公主？怎样确认？你给我指明她的相貌。那样，我就娶你为妻。”那个女人怕可汗的惩罚，说：“如果被人知道是我泄露秘密的话，肯定会杀死我。”斡仁说：“谁能知道是你泄露了秘密？没关系，说吧！”那个女人说：“我们乞塔特人的卜者很厉害，卜算无不灵验。”使臣斡仁说：“我知道怎么对付他们。”

当天夜里，使臣斡仁（令人）挖了九庹（深）的（坑），坑底里安放一个火撑子，火撑子上支起一口锅，锅里盛满水，水上撒满各种鸟类的羽毛，盖上一个大锅盖，叫那个女人坐在上面，在那个女人身上盖上铁网，铁网眼里穿过一根九庹长的铜丝，让那个女人口含铜丝的一头。

木速蛮：元代伊斯兰教教徒的译名，也就是阿拉伯语Muslim（穆斯林）。元代汉文文献中通常将西域各族木速蛮称为回回。但回回之名有时也被用于称呼信奉其他宗教的西域人，如称犹太人为“术忽回回”等。元朝境内的木速蛮，大部分是蒙古西征以来从中亚、波斯各地所俘的工匠和其他平民，先后签调来的军队，入仕于元朝的官员和学者，以及来中国经商因而留居的商人；小部分是唐宋时期寓居中国的大食、波斯人的后裔。蒙古西征中，每克一城，照例都要括取工匠和俘掠妇孺为奴，这些被迫随蒙古军东来的中亚人多为木速蛮。

> 八思巴字，为元代释教帝师八思巴制作的蒙古字的通称，系据藏文字母改制，仿汉字方体，自上而下拼写。世祖忽必烈至元六年（1269 年）二月正式颁行，称蒙古新字，后改称蒙古国字，简称蒙古字。15 世纪以后，该字不再在蒙古族中使用。

这样，做好了（悄悄）传话的准备。

第二天，那个女人用铜丝对使臣斡仁传耳语说："我们的公主不比别人美丽，衣着打扮不比别人漂亮，与其他姑娘没有什么区别。她与其他姑娘的区别是脸色略显红润，有看不够的朝气，牙齿如水晶般洁白，眼睛像孔雀眼睛那么黑，头发乌黑发光，眉目间有一小痣，口吐荑地旃檀之香，排在最末尾六位姑娘之中。"

使臣斡仁手拿装饰有绸子的五色雕翎箭，起身走到（最末尾），指一个说："她可能是织绸匠的女儿，穿着丝绸衣服！"指其上侧的一个说："她可能是木匠的女儿，其衣服已变色！"指其上侧的一个说："她

◆ 8 世纪鲜卑射猎彩绘木版画 ◆

可能是察嘎沁[1]的女儿，手背有皲裂纹！”指其上侧的一个说：“她可能是铁匠的女儿，其衣服有些破！”指其上侧的一个说：“她可能是画匠的女儿，指甲上染了色！”指其上侧的一个说：“她可能是金匠的女儿，带着金戒指！”指其上侧的一个说：“她的相貌像我们神奇的公主！”说着用箭翎点了一下公主。公主失声哭泣着，起身离席，其余五百个姑娘跟随她而去。

由是，（唐太宗）很懊丧，赐给女儿所供奉的释迦牟尼佛像，精深术算的书卷，似如意琼珍的“十三经”以及（公主）所用的诸般宝贝，锦缎币帛各以万数计。公主哈屯遂赴吐蕃特。

◆ 骏马图　元代 ◆

那时，巴哩斯如·公斯顿沉下脸说：“唉，大可汗您把心爱的女儿嫁给了我们的可汗。如今若将我们三位中的一个留在您的国家的话，对以后乞塔特与吐蕃特双方的关系之持久，不是有好处吗？”说着，眼瞅使臣斡仁一眼。（唐太宗）可汗说：“你们把我眼睛般珍爱的女儿娶走了，如今这位使臣斡仁聪明伶俐，留在我这里帮我治理国家的话，是我国家之幸。”就这样，把使臣斡仁羁留了下来。

于是，（唐太宗）下旨：“是何人给吐蕃特指示了我的

[1]　察嘎沁：在清代，指越过旗界而来的人为“察嘎沁”，实际上是“札哈沁”的谐音。

蒙古民间流传的狼童传说，其故事如下：从前，一群猎人在克鲁伦河畔狩猎，发现一只母狼带领一个三四岁的男孩奔于荒野，猎人们赶走了狼，带回了男孩，不知他为何人所生，便起名为“沙鲁”。及其能言，沙鲁能听懂各种动物语言；及壮应征入伍，随成吉思汗征战。一次宿营，沙鲁听到狼嚎，便告诉头领有洪水之灾，必须易地扎营。果然夜间风雨交加，原营地被洪水淹没。从此，凡夜间宿营，头领问沙鲁便知吉凶。从上述历史记载和民间流传的狼童传说看，蒙古人存在着狼图腾崇拜的观念显而易见。

爱女？找出其人！”众大臣没能找到，回禀了可汗。可汗下旨：“叫卜者卜卦！”卜者卜卦之后，禀报可汗：“可汗的公主不是由什么人所指示。在九重大地之下有三座铁山，其上有一片席勒们[1]甸子，其上积有一片海水，水上落有各种鸟类。海中长出一棵树，树上有一个长有九庹长铜丝根的、全身长满羽毛的、非人的母夜叉，是她所指示。”可汗听到这种答复，大发雷霆，命令将全部卜算之书烧毁，使臣斡仁上前劝谕道：“怎能将满珠释哩佛尊所制定的卜算之书烧毁呢？唉，大可汗啊，我们的可汗是个大智之人，当我们前来这里的时候，他下旨道：‘到那里之后，（他们）用各种办法测试你们。我从这里托梦给你们，按梦中的指示行事吧！’当天夜里，我可汗的法使变成一个妇人形象，托梦指示给了我。”（唐太宗想）：“依以前三封书信看，这也许是真的”，下令不要烧毁卜算之书。

使者斡仁与托密诺颜一起到无人之处，说：“我在这里不能超过三个月的时间，以后你要谨慎从事。”（唐太宗）给予使臣斡仁家室。

有一天，使臣斡仁假装患病，嘴里含靛青和朱砂，装出嘴角流淌脓血的样子；在躺着的垫子下边塞进山羊皮，使其发出阵阵难闻的臭味。（唐太宗）可汗大惊，派一名大夫前来为其号脉。（使臣斡仁）躺在床上，胳肢窝里抱着一只猫，以“我的身子臭”为理由，在手指头上系一根绳子，叫大夫号脉，大夫（号脉之后）说“是一个小动物的脉相”就走了。可汗无可奈何，下旨第二天再派一名别的大夫去。使臣斡仁又在胳肢窝

[1] 席勒们：蒙古语，是指生铁。

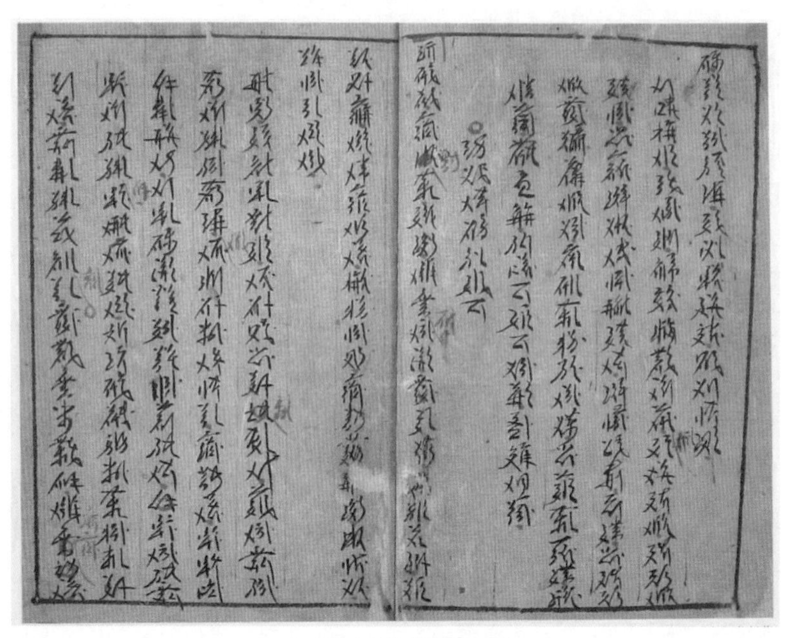

◆ 西夏文草书《孝经》 ◆

里抱一只鸡，躺在床上。第二天，有一位斡塔赤[1]前来为其号脉，称“是一只小飞禽之脉相”就走了。

可汗大惊失色，次日亲自移驾前来探询他说：“唉，使臣你是个睿智聪慧的人，这患病原因是什么？怎样治疗才能痊愈呢？”使臣低声说：“唉，可汗，我这病不是因为合易[2]，不是因为沙拉[3]，不是因为巴达干[4]，不是因为忽哩亚森[5]，不是明安·年·哲惕和顿之类的病，也不是三百六十种内科病，更不是诸博第之病。而是因为心不安导致了心脏像被箭射中一样，热气致病。因为我留在这里，吐蕃特的山水之神发怒作祟，看来我的病痊愈是很难了，没法告知可汗啊……”说着就昏厥过

[1] 斡塔赤：蒙古语，是指神医。

[2] 合易：蒙医中的病原之一。

[3] 沙拉：蒙医中的病原之一。

[4] 巴达干：蒙医中的病原之一。

[5] 忽哩亚森：蒙古语，蒙医指积食。

去。（可汗）问：“怎样才能治好这场病呢？”（使臣斡仁）回答说：“怎么也治不好这场病。”继续说：“在我眼里，好像看见了边疆吐蕃特之地的大雪山，上一座高山上祭祀吐蕃特地方的山水之神，也许能好。”（可汗）问：“需要用什么？”（使臣斡仁）回答说：“给我准备一口袋绸缎的灰，一古哲脾脏的血[1]，三庹长的枪把碳，有血红色头的红沙马，再加上上好的一匹骏马和图勒西[2]食物等。”当天夜里，他准备了一份书信交给马弁，让马弁连夜逃遁。次日，他对（可汗）说：“我的一个马弁看我将死，已经逃遁了，如果他到（吐蕃特），我们的可汗很可能带兵前来。所以，请您把那些需要用的东西准备着，我赶紧去看看。”

由是，唐太宗下旨，烧尽所有的绸缎也没能装满一口袋；杀了全部的羊群也没弄到一古哲脾脏的血，烧毁满山的森林也没得到马鞭那么大的碳，唯独找到了血红色头的红沙马。他立即为红沙马备上金鞍，并在另一匹骏马上驮载各种食物而来。使臣斡仁预先认得那匹骏马。他轮换着骑那两匹马，把乞塔特伴当甩在后头逃走了。

千户制度：大蒙古国的基本社会组织。1204年，蒙古部首领铁木真出征乃蛮之前，为了适应作战的需要，将所有军队按千户、百户、十户统一编组，委派了各级那颜（蒙古语，意为“官人”）。1206年，铁木真建立大蒙古国，他被尊称为成吉思汗。成吉思汗在旧有的基础上，进一步扩建和完善了千户制度。将所属部民全部按照千户制编制起来，总数为95个千户，能提供大约10万人的兵员。为了使军队具有强大的战斗力，成吉思汗规定，万户长、千户长、百户长们都应将自己的部队训练得井然有序，随时做好准备，一声令下就能在任何时候出征。十户长不能统帅其十人队作战者，将连同其妻子、儿女一并定罪，然后从其十人队中另择一人任十户长。对待百户长、千户长、万户长们也是这样。

当斡仁在乞塔特的时候，人们认为他是个睿智聪慧的人，就问他怎样种地，他回答说：“把种子炒熟了种的话，庄稼长得高而且产量也多。”

[1] 古哲：蒙古语指胃。古代蒙古人用牛羊的胃作口袋装食物。

[2] 图勒西：蒙古语，是指祭祀用的食物。

◆ 呼和浩特大召（无量寺）僧人听经图 壁画 ◆

那位马弁回到那里，把他的书信交给了他们。信中写道："鱼儿奔向了大海，猎场中被围的鹿儿奔向了深山；河水转弯处圈住马驹子，拿到运需处的物品要驮载好；阳光照射北山顶，随处扔掉无用的东西；黑色的铁器扎进了羊羔的心脏；月亮要接近太阳；要卷起白旗，展开黑旗；不要与远方的美声敌对，悄悄地召唤她。"

十夫长：大蒙古国建立之初，成吉思汗曾将所辖游牧民族按照十进制的原则编组构成单位，作千户、百户、十户三级，十户长官就是十夫长。

托密诺颜正在暗中想要解析的时候，公主

哈屯下懿旨说：“‘微尘中臼碾的鱼儿奔向了大海，猎场中被围的鹿儿奔向了深山’，说的是他自己已经回到了故乡。‘河水转弯处圈住马驹子，拿到运需处的物品要驮载好’，说的是把弓箭和甲胄准备好。‘阳光照射北山顶，随处扔掉无用的东西’，说的是在下榻处留下用坏的马鞭以及残余的武器。‘月亮要接近太阳’，说的是我会赶上你们。‘要卷起白旗，展开黑旗’，说的是我白天睡觉，夜间行路。‘不要与远方的美声敌对’，说的是悄悄地召唤，不要对我说，要交给吐蕃特的大臣们的意思。‘黑色的铁器扎进了羊羔的心脏’，说的是使臣斡仁对我们乞塔特国做了很多坏事的意思。”

◆ 金刚杵　元代 ◆

（唐太宗）派遣一名总兵率领的军队追赶使臣斡仁。在路上，他们看到所有下榻处均有用坏的马鞭、武器的残余以及马粪等。他们说：“听说吐蕃特可汗是个相当聪明的人，看来他已经知道此事而派遣大量军队迎接他了！”就这样，军队半道返回去了。

于是，使臣斡仁赶了上来，岁在辛丑，年二十五岁，回到了可汗身边。

由是，大修身、言、心之无量功德，令额讷特格的库色勒大师[1]、萨嘎拉·必拉曼大师[2]、巴勒布的西拉满大师[3]、巴勒布的斡斯达大

[1] 库色勒大师：人名。汉文音译作“库色喇师”。

[2] 萨嘎拉·必拉曼大师：人名。汉文音译作“桑吉喇·必喇满师”。

[3] 西拉满大师：人名。汉文音译作“锡拉满祖师”。

◆ 石刻 ◆

师[1]、乞塔特的哈桑·玛哈·迪瓦[2]、吐蕃特的老扎瓦·托密·散布拉及其弟弟达日玛顾师为首的（学者们）翻译经咒之卷帙。弃十恶之罪孽，修十福之教令，结合可汗的国政，使宗教之阳光普照于黑暗的吐蕃特。岁在戊戌，年八十二岁时，两位哈屯及托密·散布拉、使臣斡仁等，并皆入伊特格勒·阿日本·尼古日图[3]中，宣其永世之名于天下。

[1] 斡斯达大师：人名。汉文音译作“鄂斯达师”。

[2] 哈桑·玛哈·迪瓦：人名。汉文作“汉僧玛哈迪瓦”。

[3] 伊特格勒·阿日本·尼古日图：佛名。汉文作“大慈十一面（观世音菩萨像）”。

其长子莽苏荣，乃其父亲在世时已薨。

其弟恭苏荣丙戌年生，岁在己亥。年十四岁即可汗位。岁在壬子，年二十七崩。

其遗腹之子兑苏荣，被称为黑因·库如顿努·库纯·日迪呼必勒干图可汗[1]，壬子年生，即于当年，一岁即可汗位，在位二十九年，岁在庚辰年崩。

其子哩勒丹·朝卜斯达可汗[2]，庚辰年生，岁在辛巳，年二岁即可汗位。岁在辛（壬）午，年六十三岁崩。

其子，自前戊子纪年以来，二千九百二十年，岁在庚午，乞塔特的唐肃宗可汗之弟金丹王[3]之女金星公主[4]，生一位瑞相全备之子。岁在壬午，年十三岁即可汗位。诺们杜·巴雅苏克其大官[5]、萨迦·衮·巴勒布察[6]等五位内臣相商，岁在丙戌，年十七岁时，自萨忽尔请堪布博

[1] 黑因·库如顿努·库纯·日迪呼必勒干图可汗：蒙古语译可汗尊称，意思是“气轮的、神力的、有神通的可汗”。汉文脱字。

[2] 哩勒丹·朝卜斯达可汗：可汗尊号。汉文音译作“持勒丹·苏克丹”。

[3] 金丹王：人名。汉文音译作“景德王”。

[4] 金星公主：人名。汉文作“金成公主”。

[5] 诺们杜·巴雅苏克其大官：蒙古语译人名。汉文译作“贤者”。

[6] 萨迦·衮·巴勒布察：人名。汉文音译作“萨迦·衮·巴勒博且”。

《元史》卷一《太祖本纪》关于蒙古祖先“感天光而生”的记载：“太祖法天启运圣武皇帝，讳铁木真，姓奇渥温氏，蒙古部人。……太祖其十世祖孛端叉儿，母曰阿兰果火。嫁脱奔咩哩犍，生二子，长曰博寒葛答黑，次曰博合睹撒里直。既而夫亡，阿兰寡居，夜寝帐中，梦白光自天窗中入，化为金色神人，来趋卧榻。阿兰惊觉，遂有娠，产一子，即孛端叉儿也。孛端叉儿状貌奇异，沉默寡言，家人谓之痴，独阿兰语人曰：‘此儿非痴，后世子孙必有大贵者。’阿兰没，诸兄分家赀，不及之。孛端叉儿曰：‘贫贱富贵，命也，赀财何足道！’独乘青白马，至八里屯阿懒之地居焉。食饮无所得，适有苍鹰搏野兽而食，孛端叉儿以缗设机取之，鹰即驯狎，乃臂鹰，猎兔禽以为膳，或阙即继，似有天相之。”

第撒都瓦来，可汗到莽地的恭唐山迎接，把他请到哈斯布哩山的宫殿中，禀请欲建法轮寺之事，则曰：“以我素修菩提之心，不能降服腾格哩·奇特古日[1]。如果先不降服腾格哩·奇特古日及本方土地之神，怎

[1] 腾格哩·奇特古日：蒙古语，意思是天鬼。这是佛教刚刚进入蒙古社会之时，与蒙古传统宗教孛额敌对的象征。后来在一定程度上调和，佛教将“天”占为己有，出现了“天佛”之概念。汉文作“神鬼”。

◆ 刺绣密集金刚像 ◆

么能修建寺庙呢？要想降服它们，唯有乌迪亚纳国的巴达玛·散巴瓦大师[1]。因为他掌握了密咒藏，能役使宇宙间腾格哩·拉克萨[2]及八部多克什特[3]如奴隶。彼博格达来的话，则能降服它们。”可汗问：“我怎样才能请他来呢？”斡必迪尼·博第撒都瓦[4]降旨：“他们是以前生活在额讷特格地方的名字叫阿木古冷的司鹰者之女与名字叫德格杜·阿木古冷相亲而生的三个儿子。其母亲殁后，其三子各自为母亲祈福而建造了沙荣·葛硕尔塔[5]。首先由司鹰者之子祈祷说：‘原籍此福，将来一世我要做一个宗教的施主转轮可汗。’他就是如今的可汗您啊。其次，司犬者之子祈祷说：‘原籍此福，将来一世我要做一个掌握宗教的大斡必迪尼。’他就是如今的大斡必迪尼。其三，司豕者之子祈祷说：‘原籍此福，将来一

◆ 说经图　元代 ◆

[1] 巴达玛·散巴瓦：人名。汉文音译作“巴特玛缴巴阿”或翻译“莲花生大师”。

[2] 腾格哩·拉克萨：神祇的名称。汉文译作“天神罗刹”。

[3] 八部多克什特：神祇的名称。汉文译作“八部神将”。

[4] 斡必迪尼·博第撒都瓦：神祇名称。汉文音译作“乌巴迪尼·菩提萨都”。

[5] 沙荣·葛硕尔塔：佛塔。汉文音译作“沙荣·喀硕尔塔”。

◆ 鲜卑金饰件 ◆

世我要做一个护法祛魔的法师。’他就是如今的大法师巴达玛·散巴瓦大法师。赞助他的主要盟者是雅尔隆地方的嘉密·哩卜西[1]诺颜。因为有如此的前缘，所以今天才能招他前来。”可汗听了大喜。岁在庚寅，嘉密·哩卜西诺颜遣破魔金刚为首的使者，赴额讷特格地方请巴达玛·散巴瓦大师。

果然如前此博第撒都瓦之旨：“鉴于昔日之缘分，我已没有理由居住此地，当今就要过去。我以前曾经修炼自身的善果，而今我已经到了为众生谋利的时候了。大鹏的翅膀长够了，就要翱翔天空，观看业果之经，则无暇居住此地了。”说罢，遂即前来，途遇名叫桑·孙·哩伦[2]的妖魔。（妖魔）迫大师于两山之间，大师盘腿坐于空中，则惧而捧心为誓，责其匿名多尔吉·忽笨。而（妖魔）又化做一头大黑牤牛，卷起大风雪以冻大师，大师身发高温以挡之。大师以九叉铁杵击其额头，大牤牛遁入山中去，则风雪已霁，山青而岩岚，阳光灿烂。由

兀鲁思，蒙古语 ulus，意为人众、国家。成吉思汗建国，称“也可·蒙古·兀鲁思”（yeke monghol ulus），即大蒙古国。元朝大封国也称兀鲁思，如察合台兀鲁思，或斡罗思。元代诸王的封地也称为兀鲁思，明代蒙古万户一般也称兀鲁思。

[1] 嘉密·哩卜西：人名。汉文音译作“嘉密克哩卜实”。

[2] 桑·孙·哩伦：妖魔名。汉文译作“麃”。

是惧而捧心，责其匿名，祭（降魔杵）镇之。

由是，以十二必杜母亲[1]为首，凡吐蕃特地方的神祇、龙神诸权威，尽行降伏无遗，役使诸腾格哩鬼为奴隶。遂使人主哩苏荣·喇达卜赞[2]与龙神斡巴哈迪·可汗[3]结为安达。

岁在辛卯，可汗二十二岁时，破土筑基，依密咒之道，制如坛城；依三藏之道，制如阿比达尔玛；依经史之道，制如元本齐等；建造金刚圆觉无比之必满殿，其中所供的群佛，多遵密咒之道塑成。下宫依吐蕃特之制；中宫依乞塔特之制；上公依额讷特格之制，全备四大尊者。其下宫设三门，以相三世之佛；其中宫设一门，以相经教之法身；其上宫设四大门，以相四尊无量（佛）及四项成业之征。在这庄严无比的法轮寺中堂内，供三世本源佛。其四面及四隅，设四大部洲、八小部洲。门徽日月天宫，（又）立广力四大觉路及八尊玛哈噶喇等寺，四大塔及光明塔，从远处看似三十余座寺庙，仿照隐于海中的额讷特格国斡特丹布哩寺[4]之制，环筑以铁筑成的咱卡拉瓦伦之院[5]。岁在癸卯，可汗三十四岁时修造竣工，请通彻三世之博格达巴达玛·散巴瓦大师、大斡必迪尼堪布博第撒都瓦法师达尔玛

汪古部（Ongγod），分布于漠南阴山地区，也称白达达（白鞑靼）。白达达的名字最早见于辽末，是辽的属部，其首领官号详稳，即辽代的大部族官，驻扎在阴山以北的黑水，即今之内蒙古达尔罕茂明安联合旗一带的艾不盖河。辽国灭亡以后，汪古部归属金朝，为金诸部乣军之一，金朝在漠南修建了界壕，汪古部为其守边。关于汪古部的族源，有鞑靼－蒙古说、突厥说、羌族说等几种说法。由于阴山地区的民族成分历来都很复杂，因此，汪古部并非单纯的室韦－达怛人，而是融合、吸收了各民族的人口，但由于此地长期以来突厥文化占据主导地位，因此，其突厥化倾向很明显。

[1] 必杜母亲：神祇名称。汉文译作“紫母”。

[2] 哩苏荣·喇达卜赞：人名。汉文音译作“持苏荣德灿”。

[3] 龙神斡巴哈迪：神祇名称。汉文译作“水神乌巴南迪”。

[4] 斡特丹布哩：寺庙名称。汉文音译作“鄂特丹布哩”。

[5] 以铁筑成的咱卡拉瓦伦之院：建筑名称。汉文译作“铁轮之院”。

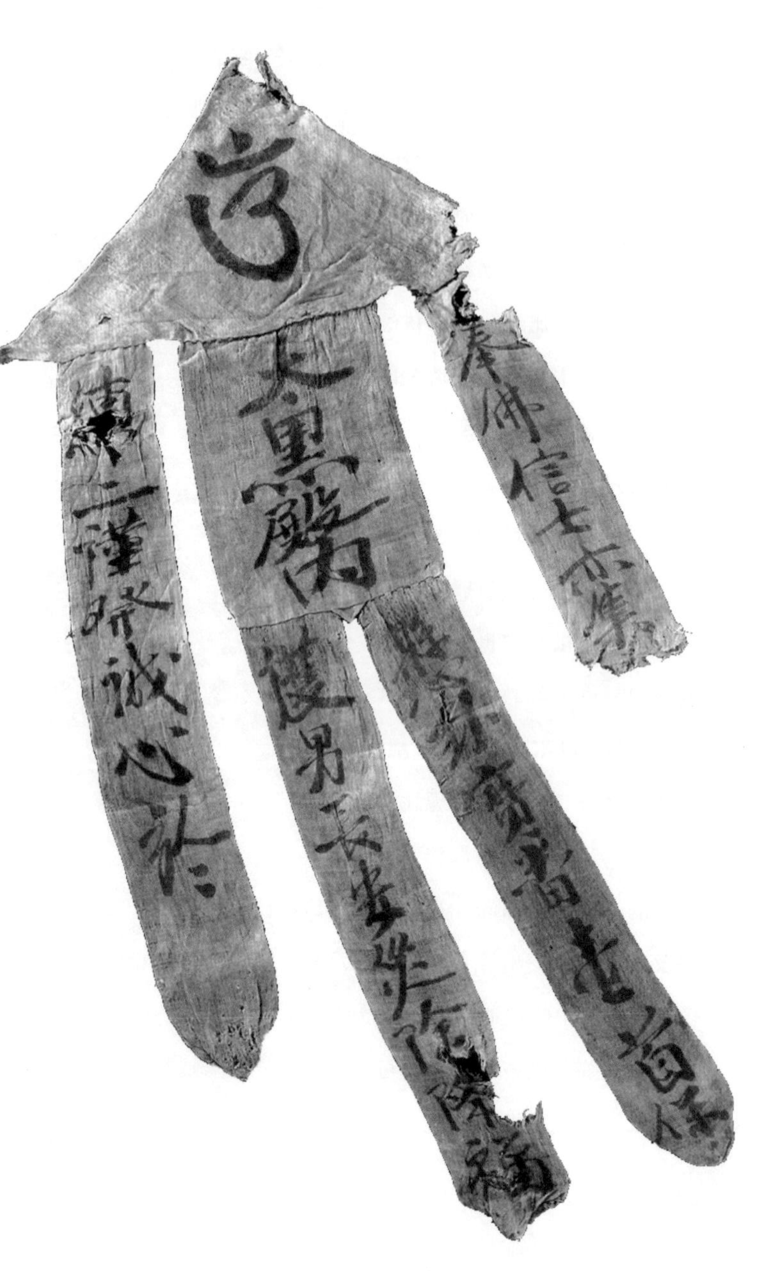

◆ 黄色绢幡　元代 ◆

草原上的黄鹰：《蒙古秘史》第26~29节中记述了孛端察儿豢养和利用黄鹰出猎的情景："那般住的时分，孛端察儿见有个雏黄鹰拿住个野鸡，他生计量，拔了及茎马尾做个套儿，将黄鹰拿着养了。孛端察儿因无吃的上头，见山崖边狼围住的野物射杀了，或狼食残的拾着吃，就养了鹰，如此过了一冬，到春间鹅鸭都来了，孛端察儿将他的黄鹰饿着。飞放拿的鹅鸭多了，吃不尽，挂在各枯树上都臭了。都亦连名字的山背后有一丛百姓，顺着统格黎河边起来。孛端察儿每日间放鹰，到这百姓处讨马奶吃，晚间回去草庵子里宿。那百姓向孛端察儿索这黄鹰，他不曾与，两家也不曾相问姓名，只这般住了。"

嘎尔迪[1]等，善为散花开光，设三年欢庆之宴。

那时，岁在甲午[2]，可汗三十五岁时，大可汗令其从者二十五人，为受博格达·巴达玛·散巴瓦大师精微密咒之术，于普贤菩萨要言八旨之坛城，受七百二十佛之灌顶，乃授以密咒之正法。于是斡克塔日贵尹·吉如很·阿雅嘎·塔勤力克[3]能驾日光了，博格达·尹吉纳[4]能在岩石上楔钉子了，达赖·伊拉古克森·博勒格·必里格的仙女[5]能使人起死回生了，伊拉古克森·德格杜·额格什格图[6]能三扬马嘶之声了，锡哩·尹吉纳能画诸仙女了，绰克图·阿日斯兰能役诸腾格哩如奴隶了，吉如扎纳译师[7]有了博勒格·必里滚[8]慧眼，国主可汗能使天下不动摇了，纠斯拉·宁博[9]通彻经教之义了，

---

[1] 大斡必迪尼堪布博第撒都瓦法师达尔玛嘎尔迪：人名。汉文音译作"大德堪布博第撒都·法师达尔玛吉尔迪"。

[2] 甲午：汉文作"岁次甲辰"。

[3] 斡克塔日贵尹·吉如很·阿雅嘎·塔勤力克：蒙古语译神祇名称。汉文译作"虚空藏之格隆"。

[4] 博格达·尹吉纳：人名。汉文音译作"布特达·音扎纳"。

[5] 达赖·伊拉古克森·博勒格·必里格的仙女：传说中的仙女。汉文译作"般若波罗尊胜海慧仙子"。

[6] 达赖·伊拉古克森·德格杜·额格什格图：传说中的神祇。汉文译作"胜妙音尊者"。

[7] 吉如扎纳译师：传说中的神祇。汉文音译作"毗噜扎纳通事"。

[8] 博勒格·必里滚：蒙古语"智慧"。汉文译作"般若波罗"。

[9] 纠斯拉·宁博：传说中的神祇。汉文译作"玉扎宁博"。

尹吉纳·古玛拉[1]显了广大神通，镇魔金刚[2]如风行而无阻了，尹吉纳·古哈雅[3]能翱翔于天空了，锡哩·德瓦能手执猛兽了，乌嫩·博勒格·必里格图[4]能如鸟飞行了，锡哩·尹达[5]能行于水面上了，达日玛·哩斯玛[6]能强记不忘了，绰克·扎里·达布忽拉森[7]能预知他人的计谋了，绰克图·阿日斯兰[8]能使流水倒流了，伊拉古克森·斡由图[9]能使枯骨化为黄金了，彻崇·老扎瓦[10]能手执空中的飞鸟了，杜拉惕哈林·斡克塔日贵[11]能乘野牤牛了，讷合·尹达[12]能在海水中潜泳了，玛哈·拉特纳能把砖头像饭一样吃下了，绰克图·瓦奇尔[13]能驰山崖而无碍了，德格杜·楚哈克·额尔德尼[14]能发射雷霆似

《新元史》是清末民初的柯劭忞所撰，他以《元史》为底本，斟酌损益，重加编撰，前后用了三十年时间才完成。《新元史》成书于1920年。次年，北洋政府总统徐世昌下令把《新元史》列入正史，1922年刊行于世。这样，官修史书“二十四史”就成了“二十五史”。全书共257卷，包括本纪26卷，表7卷，志70卷，列传154卷。

[1] 尹吉纳·古玛拉：传说中的神祇。汉文音译作“音扎纳·固玛喇”。
[2] 镇魔金刚：传说中的神祇。汉文译作“荡魔金刚”。
[3] 尹吉纳·古哈雅：传说中的神祇。汉文音译作“音扎纳·郭哈雅”。
[4] 乌嫩·博勒格·必里格图：传说中的神祇。汉文音译作“音扎纳·般若波罗密多”。
[5] 锡哩·尹达：传说中的神祇。汉文音译作“锡哩尼达”。
[6] 达日玛·哩斯玛：传说中的神祇。汉文音译作“达尔玛哩斯木”。
[7] 绰克·扎里·达布忽拉森：蒙古语译传说中的神祇名称。汉文译作“锡哩卜·色克巴”。
[8] 绰克图·阿日斯兰：蒙古语译传说中的神祇名称。汉文译作“锡哩星哈”。
[9] 伊拉古克森·斡由图：蒙古语译传说中的神祇名称。汉文译作“德瓦苏迪”。
[10] 彻崇·老扎瓦：传说中的神祇。汉文音译作“徹崇罗咱瓦”。
[11] 杜拉惕哈林·斡克塔日贵：蒙古语译传说中的神祇名称。汉文译作“咱扎噶”。
[12] 讷合·尹达：传说中的神祇。汉文音译作“纳干达喇”。
[13] 绰克图·瓦奇尔：蒙古语、梵语译传说中的神祇名称。汉文译作“锡哩巴赞尔”。
[14] 德格杜·楚哈克·额尔德尼：蒙古语、梵语译传说中的神祇名称。汉文译作“拉迪拉特纳”。

◆ 鞍马图（摹本）◆

箭了，伊拉古克森·博第撒都瓦[1]能盘腿坐于虚空中了。如是各显其所修成的能事，更见显其八大弟子，即斡克塔日贵尹·吉如很·瓦奇尔（瓦奇尔巴尼）·吉哈乌嫩·色特吉伦佛[2]、博格达·乌嫩·雅曼达嘎·伯音佛[3]、伊拉古克森·德格杜·茂林·额格西格图·哈杨哩瓦·扎日哩衮佛[4]、乌鲁孙·额镇·可汗·也克·额尔德民佛[5]、达赖·伊拉古克森·博

[1] 伊拉古克森·博第撒都瓦：蒙古语、梵语译传说中的神祇名称。汉文译作“咱雅萨都”。

[2] 斡克塔日贵尹·吉如很·瓦奇尔（瓦奇尔巴尼）·吉哈乌嫩·色特吉伦佛：蒙古哈拉哈部独崇的佛尊，亦称“瓦齐耳巴尼”。汉文译作“虚空藏金刚手真谛佛”或“金刚杵”。

[3] 博格达·乌嫩·雅曼达嘎·伯音佛：蒙古地区普遍崇仰的佛尊之名称。汉文译作“大威德金刚雅曼达嘎佛”。

[4] 伊拉古克森·德格杜·茂林·额格西格图·哈杨哩瓦·扎日哩衮佛：蒙古科尔沁部独崇的佛尊名称，又称“伊达木佛”。汉文译作“哈杨吉尔巴尊圣马明王佛”。

[5] 乌鲁孙·额镇·可汗·也克·额尔德民佛：专为蒙古可汗祭拜的佛尊名称。汉文译作“国主可汗最胜王佛”。

◆ 白釉褐彩景教碑 ◆

勒格·必里滚·答奇尼·瓦齐赉·赫勒业事业之佛[1]、绰克图·阿日斯兰·伊日天楚·达齐纳·再嘉誉之佛[2]、绰克图·博勒格·毕里克图·额克纳润·艾玛古特·多奇勒根·伊勒格克奇佛[3]、吉如扎纳·克烈穆尔其·多克顺·塔

[1] 达赖·伊拉古克森·博勒格·必里滚·答奇尼·瓦齐赉·赫勒业事业之佛：蒙古社会普遍祭拜的佛尊名称。汉文译作“尊胜海慧仙子金刚顶佛”。

[2] 绰克图·阿日斯兰·伊日天楚·达齐纳·再嘉誉之佛：蒙古社会普遍祭拜的佛尊名称。汉文译作“威仪狮像举世尊称佛”。

[3] 绰克图·博勒格·毕里克图·额克纳润·艾玛古特·多奇勒根·伊勒格克奇佛：蒙古社会女性祭拜的佛尊名称。汉文译作“威德妙慧圣母离尘佛”。

日尼雅日·伊伯格克奇佛[1]八大宣法之佛的真实面貌。

于是，大师用额讷特格语翻译吐蕃特语，教习吐蕃特儿童以额讷特格语，而未得一个能学通者。大师心中郁闷，想寻找一个会翻译的孩子，遂独自周游各地。他偶然来到一家门口，家中唯有一个七岁男孩，其父母均不在家，大师看见那个孩子，暂留片刻，想在这里午休，命人搭起白帐而坐。他叫那个孩子过来，问："你的父亲去哪里了？"孩子回答说："寻找言语去了！"又问："你的母亲上哪里去了？"孩子回答说："寻找眼睛去了！"不大一会儿，其父亲买酒回来了。男孩子指着父亲说："我说的'寻找语言'就是说买酒，因为喝酒者言语多。"又有其母亲买灯油回来了，男孩子指着母亲说："我说的'寻找眼睛'就是买灯油，因为点灯则在黑夜都能看见一切。"大师听他所说，很高兴地将他带走了。大师回到可汗身边，对可汗说："这个孩子是过去阿南达的化身，其今世的父亲是必古儿哈屯的儿子[2]，他的名字叫必古儿·吉如扎纳[3]。"遂教习他额讷特格语，很快就学通了。于是，他编著了吐蕃特的莫尔根·吉如扎纳·克烈穆尔其[4]一书。

《老乞大》《朴通事》两书出现于14世纪上半期的高丽，为汉语教科书。《老乞大》则以高丽商人来中国贸易为中心线索，以对话的形式，叙述商业活动和其他各方面的社会生活。《朴通事》分成许多段落，以对话的形式，叙述元代大都各方面的社会生活。这两本书作者的本意，在于使高丽人熟悉中国的社会生活，掌握有关的汉语词汇，却正好为我们了解元代社会特别是大都的面貌提供了很有价值的史料。这两种书在李朝时代曾做过一定的修改，继续作为当时的汉语教科书，但基本上仍保持了原来的面貌。

其后，岁在甲辰，可汗年三十五时，以固如·巴达玛·散巴瓦大

[1] 吉如扎纳·克烈穆尔其·多克顺·塔日尼雅日·伊伯格克奇佛：佛教华严宗主佛之名称。汉文译作"毗噜扎那智藏持咒救世佛"。

[2] 父亲为必古儿哈屯的儿子：汉文作"父亲名曰巴喇古儿根敦"。

[3] 必古儿·吉如扎纳：汉文作"巴喇古儿·比啰咱纳"。

[4] 莫尔根·吉如扎纳·克烈穆尔其：汉文作"贤者必啰咱纳通事"。

师[1]为首，额讷特格的吉玛拉·密达[2]，巴勒布的吉哈玛拉·西勒[3]，吐蕃特的莫尔根·吉如扎纳·克烈穆尔其、卓克如巨扎拉散[4]、班第·伊西迪·戈瓦·巴勒·巴勒星[5]、乞塔特和尚玛哈·扎纳[6]等人翻译了全部经教之文。被称为呼图克图年轻满珠释哩之化身，转千金法轮之中咱卡拉瓦伦可汗——哩苏荣·拉哈巴赞[7]，在位五十七年，岁在戊寅，年六十九岁崩。

哩苏荣·拉哈巴赞长子牟尼赞布[8]中毒辞世；次子牟融赞布[9]已流放边陲；幼子牟迪赞布[10]子丙辰年生，岁在己卯，年二十四岁即可汗位。他建造斯格荣、瓦奇尔、齐纳尔图[11]三大寺院。他在位三十一年，被称为色勒珠·赛图尔·莫德克其·金吉德·咱卡拉瓦伦可汗[12]。这位可汗与额讷特格的达尔玛巴拉可汗、乞塔特的唐懿宗可汗三人同时出生。其后，岁在己酉，年五十四岁崩。其子有藏玛[13]、达尔玛、哩卜松·勒迪[14]、鲁尔吉[15]、伦多卜五个人。长子藏玛出家为僧；次子哩卜

---

[1] 固如·巴达玛·散巴瓦大师。汉文作“顶上花尊圣巴特玛·散巴阿大师”。

[2] 吉拉玛·密达：翻译家。汉文音译作“必玛拉·密迪”。

[3] 吉哈玛拉·西勒：翻译家。汉文音译作“只噶玛拉锡拉”。

[4] 卓克如巨扎拉散：翻译家。汉文音译作“卓克啰·垒·嘉勒灿班第”。

[5] 班第·伊西迪·戈瓦·巴勒·巴勒星：翻译家。汉文音译作“伊锡迪·噶瓦·巴勒则克”。

[6] 乞塔特和尚玛哈·扎纳：翻译家。汉文作“汉僧玛哈雅纳”。

[7] 哩苏荣·拉哈巴赞：可汗尊称。汉文音译作“持苏荣德灿”。

[8] 牟尼赞布：人名。汉文音译作“穆尼赞博”。

[9] 牟融赞布：人名。汉文音译作“穆噜克赞博”。

[10] 牟迪赞布：人名。汉文音译作“穆迪赞博”。

[11] 斯格荣、瓦奇尔、齐纳尔图：寺院名称。汉文译作“金刚圆觉寺”。

[12] 色勒珠·赛图尔·莫德克其·金吉德·咱卡拉瓦伦可汗：蒙古语、梵语译可汗尊称。汉文译作“萨特纳搏克准·咱噶尔瓦伦可汗”。

[13] 藏玛：人名。汉文音译作“昌玛”。

[14] 哩卜松·勒迪：人名。汉文音译作“哩卜崇”。

[15] 鲁尔吉：汉文音译作“垒·罗瑞”。

松·勒迪亦自前戊子纪年以来，二千九百九十九年的戊戌年[1]，岁在十三岁时，群臣共议拥戴，而即可汗位。

这位博格达于辛（壬）寅，年十七岁时，出征乞塔特地方，击毙唐肃宗可汗，大加掳获，其强盛之势极天际之远。

《成吉思汗黄金史纲》，又译为《成吉思汗金鉴》，系手抄本，作者不详。1958年11月由内蒙古语文研究所道荣嘎发现于达茂联合旗哈撒儿陵帐旁的石洞中。现藏内蒙古社会科学院图书馆。内容从也速该娶妻开始至成吉思汗终年结束，大部分与《蒙古黄金史》相同，但多用口语，构词方面也有自己的特点。《蒙古黄金史》的著者似曾利用过该书。

由是，他建造了千座寺庙，令额讷特格的乌巴迪尼·其满达[2]、西兰达[3]、博第撒都瓦丹西拉[4]、博第密达，吐蕃特的乌巴迪尼·拉特纳·拉克吉塔[5]、达尔玛·西拉[6]、卓克啰·垒、札木萨[7]、衮·巴勒布察[8]之子衮·垒·旺博[9]等人尽译前所未译的经卷，在每根头发之端系一块绫子，在每一块绫子上坐一位呼巴拉克，对他们献以无量之供奉，尤加崇奉宗教，以宗教之道教养雪地全境之故，从此，吐蕃特国安乐如天堂。因此著称为大力瓦奇尔巴尼之化身，喇勒巴赞·乌孙·散达里图[10]转千金轮之末代咱卡拉瓦伦可汗。他在位二十四年，岁在辛酉，年三十六岁崩。

自丁未年，宗教肇兴之时，至此辛酉年，历四百九十五年。因其无子，其兄达尔玛，癸未年生，岁在壬戌，年四十岁即可汗位。因为他在

[1] 戊戌年：汉文作“丙戌年”。

[2] 乌巴迪尼·其满达：翻译家。汉文音译作“斡必迪尼察纳密达”。

[3] 西兰达：翻译家。汉文音译作“锡纳勒达博第撒都瓦”。

[4] 博第撒都瓦丹西拉：翻译家。汉文音译作“丹西拉博第撒都瓦”。

[5] 乌巴迪尼·拉特纳·拉克吉塔：翻译家名字，汉文音译作“乌巴迪尼喇特纳喇克斯达”。

[6] 达尔玛·西拉：翻译家。汉文音译作“达尔玛锡拉”。

[7] 札木萨：翻译家。汉文音译作“嘉勒灿”。

[8] 衮·巴勒布察：人名。汉文音译作“衮·巴勒布齐”。

[9] 衮·垒·旺博：翻译家。

[10] 喇勒巴赞·乌孙·散达里图：可汗尊称。汉文作“持喇勒巴展”，译作“水床王”。

前世为大象的时候，曾许下邪恶誓愿的缘故，昼夜信奉黑教达二十四年，号称朗·达尔玛可汗。上自大乘三藏以下，下至下乘格木·卡穆斯的三西里斯[1]以上，不称三尊四僧之号，大毁宗教。岁在己酉，那个罪孽深重的可汗六十三岁时，已至其前缘之限定。尊上苏荣赞堪布可汗的化身喇隆·绰克图·瓦奇尔[2]，用墨汁染黑了甘当[3]白马当黑马骑，反穿白皮袄显出黑里子当黑衣，匿弓箭于皮袄袖子中，前来拜谒可汗。初跪时搭其箭，再跪时引其弓，三跪时射中罪孽深重之可汗的心脏，遂称：“我像风一样，吹散了尘；土一样，覆盖了水；水一样，浇灭了火；鲲鹏一样，制住了龙王；瓦奇尔一样，钻透了宝石；天神一

◆ 画佛像　赵孟頫 ◆

样，制住了阿修罗；佛尊一样，降服了魔鬼；我如今杀死了罪恶深重的

[1] 三西里斯：汉文作“三喀木”。

[2] 喇隆·绰克图·瓦奇尔：杀死灭佛的朗·达尔玛可汗之人。汉文音译作“拉隆·巴勒·多尔济”。

[3] 甘当：汉文作“喀鼎”。

可汗！”之后，他洗涤衣马，显出白色，乘骑而奔格木·卡穆斯[1]逃走。

由是，当郎·达尔玛五十三岁时，其（乙）亥年所生之子之子，名叫格日勒·撒黑克奇[2]，岁在己酉，年十一岁即可汗位。（他也）不奉经教，在位五十三年。岁在丁丑，年六十三岁崩。

其子叫古儿·巴赞[3]，生于其父亲五十一岁之时的己丑年。岁在丁丑，年十三岁即可汗位。因信奉经教，建造八大寺庙，敬礼宗教，在位十八年，岁在己未，年三十一岁崩。其子有二，一名乌力吉·达巴忽日拉散[4]，一名纳拉奈·伊特格勒[5]。

达剌罕：突厥、蒙古两族长期沿用的官号。唐代突厥称达干，是“专统兵马事”的武职官号，东西突厥及回鹘皆用之，不过到高昌回鹘时代，这个官号仅成为世袭的空衔。1206年，成吉思汗对于共同创业的功臣，授以万户、千户等有实职的官号，而对成吉思汗本人或其儿子有救命之恩的人，则更授以达剌罕之号。达剌罕有“得自由、自在”之意。元朝达剌罕享受多种特权。

乌力吉·达巴忽日拉散有三子，一名绰克图里[6]、一名格日勒图里[7]、一名吉日嘎郎里[8]，他们均为中部四蒙克之地的诺颜。

纳拉奈·伊特格勒有三子，一名绰克图·伊特格勒[9]、一名乌力吉图·伊特格勒[10]、一名斡瑞音·伊特格勒[11]，赴上阿哩三图们之地，为呼和可汗之族源。

---

[1] 格木·卡穆斯：地名。汉文作“喀木”。

[2] 格日勒·撒黑克奇：蒙古语译人名。汉文音译作“鄂特苏荣”。

[3] 古儿·巴赞：人名。汉文音译作“巴勒古儿赞”。

[4] 乌力吉·达巴忽日拉散：蒙古语译人名。汉文音译作“扎什则克巴”。

[5] 纳拉奈·伊特格勒：蒙古语译人名。汉文音译作“尼迈衮”。

[6] 绰克图里：蒙古语译人名。汉文音译作“巴勒德”。

[7] 格日勒图里：蒙古语译人名。汉文音译作“鄂特德”。

[8] 吉日嘎郎里：蒙古语译人名。汉文音译作“济特德”。

[9] 绰克图·伊特格勒：蒙古语译人名。汉文音译作“巴勒衮”。

[10] 乌力吉图·伊特格勒：蒙古语译人名。汉文音译作“扎什衮”。

[11] 斡瑞音·伊特格勒：蒙古语译人名。汉文音译作“德祖克衮”。

元代文人们的文集

蒙元史汉文史料中，诗文集是数量最大的一类，总数达到三百多部，包含金、宋入元和由元入明者以及高丽人的文集。由于《元史》仓促成书，漏误甚多，利用诗文集资料进行补充订正是非常重要的。由于元人文集的数量很多，需要借助索引检索有关资料，因此，陆峻岭先生编有《元人文集篇目分类索引》（中华书局 1979 年），分为人物传记、史事典制、艺文杂撰三类，收文集共计 170 部。还有王德毅、李荣村、潘柏澄合编《元人传记资料索引》（台湾新文丰出版公司，1979—1982 年）收文集 209 部，加上金石、传记、方志、笔记等书，共 700 余种，较为完备。

今言，后行之宗教，则有二支。自上而兴和自下而兴二支之中，先说说自下而兴的一支。当朗・达尔玛可汗毁灭宗教的时候，由西拉・冉咱[1]、固然・冉咱[2]、西拉・散巴瓦[3]、西拉・玛迪[4]、尹湛纳・马迪[5]、巴萨尔・苏瓦喇[6]、巴冉咱・星哈[7]、斡瓦兄弟二人[8]与乌巴迪尼・西达[9]十位贤达会集到道拉杜・特穆德格之地[10]，见一座破庙中仅有一尊释迦牟尼佛像完存，遂于其前受格隆之戒于乞塔特僧人玛哈雅纳座下。从那里往上方回来，以博格达拉克禅[11]为乌巴迪尼，以博彦・噶如克奇[12]为密宗之师，以卡玛尔・释迦牟尼佛与和尚为总业师而出家，兴宗教于中部蒙克之地。

再说自上而兴的那一支。纳拉奈・伊特格勒之次子乌力吉图・伊特格勒有二子，长子叫库雷，自前戊子纪年以来，三千一百二十三年的庚

[1] 西拉・冉咱：人名。汉文音译作“锡勒巴兰咱”。
[2] 固然・冉咱：人名。汉文音译作“库尔纳巴兰咱”。
[3] 西拉・散巴瓦：人名。汉文音译作“锡拉木伞巴阿”。
[4] 西拉・玛迪：人名。汉文音译作“锡拉马迪”。
[5] 尹湛纳・马迪：人名。汉文音译作“音扎纳马迪”。
[6] 巴萨尔・苏瓦喇：人名。汉文音译作“巴咱尔・舒瓦喇”。
[7] 巴冉咱・星哈：人名。汉文音译作“兰咱星哈”。
[8] 斡瓦兄弟二人：人名。汉文音译作“傲音・阿斯达兄弟二人”。
[9] 乌巴迪尼・西达：汉文音译作“乌巴迪尼・锡达”。
[10] 道拉杜・特穆德格：蒙古语译地名。汉文译作“下丹丁之地”。
[11] 博格达拉克禅：人名。汉文译作“圣・拉辰”。
[12] 博彦・噶如克奇：蒙古语译人名。汉文音译作“格韦絅鼐”。

◆ 引路菩萨图 ◆

寅年所生。他出家为僧，称为玛哈喇嘛·尹湛纳·拉斯迈[1]。其第三年，岁在辛（壬）辰，呼和[2]的鲁扎瓦·林沁桑布[3]出生。于是，那位喇嘛二十五岁时，岁在甲寅[4]，以博勒格·必里格之光[5]建造了图力克寺[6]，遣鲁扎瓦·赛音·额尔德尼[7]等二十一人赴额讷特格，请班第达·萨拉达·格勒瓦尔玛[8]、巴德玛噶喇·库必达[9]为首的贤达们翻译经藏密咒之四传，收入卷册，以领宗教。

其弟苏荣·迪即可汗位。其子博卜禳·阿木日力森·格日勒[10]为僧，著称为尊巴·沙嘉·格日勒[11]。继而遣纳克楚·鲁扎

[1] 玛哈喇嘛·尹湛纳·拉斯迈：人名。汉文音译作“赉·喇嘛·音扎纳·额也斯密”。

[2] 呼和：地名。汉文音译作“古吉”。

[3] 鲁扎瓦·林沁桑布：人名。汉文音译作“琳辰藏博”。

[4] 甲寅：汉文作“甲辰”。

[5] 博勒格·必里格之光：蒙古语。汉文译作“般若波罗之慧光”。

[6] 图力克寺：寺庙名称。汉文音译作“托凌寺”。

[7] 鲁扎瓦·赛音·额尔德尼：蒙古语、梵语译人名。汉文音译作“罗咱瓦·琳辰·藏博”。

[8] 班第达·萨拉达·格勒瓦尔玛：人名。汉文音译作“班第达噶达·噶尔玛·达尔玛”。

[9] 巴德玛噶喇·库必达：人名。汉文音译作“巴达喇·固巴达”。

[10] 博卜禳·阿木日力森·格日勒：蒙古语、梵语译人名。汉文音译作“博让·沙嘉·鄂特”。

[11] 尊巴·沙嘉·格日勒：蒙古语、梵语译人名。汉文音译作“尊巴·沙嘉依·鄂特”。

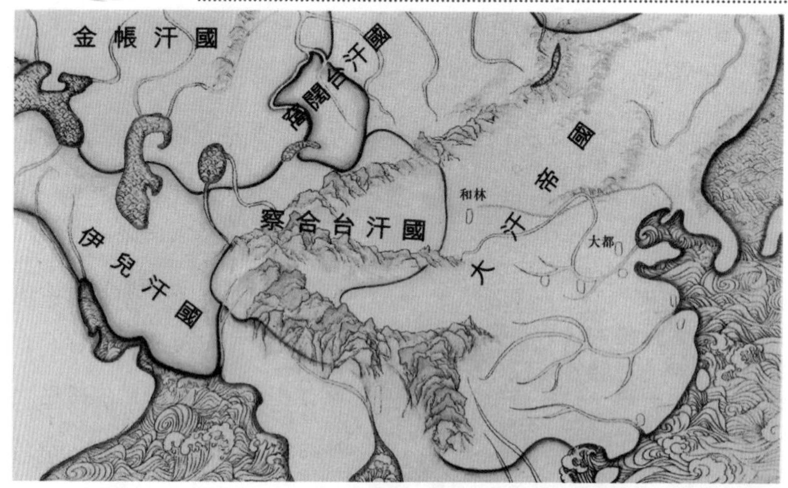

◆ 元朝及蒙古四大汗疆域图 ◆

瓦[1]和罗们・瓦鲁・察拉瓦[2]二人为使者，赴额讷特格南方，请来绰克图・博彦图可汗[3]之子屈邦噶喇・锡哩・尹湛纳[4]。这就是自前戊子纪年以来，三千一百二十七年之甲午年所生的昭・阿迪沙大师。岁在甲午，大师翻译前所未译之经，以兴宗教。乌力吉・达巴忽日拉散[5]之次子为格日勒图里[6]，其子扎什勒迪可汗，请喀齐之班第达・尹湛纳・锡哩，令崇古[7]之诺木杜尔・赫其业克奇[8]与库斯・鲁扎瓦[9]、特古斯・乌由图・冉察[10]二人译经，大兴宗教。

如是，先兴宗教之末期，自辛酉年后之辛（壬）戌年开始，至丁亥年，凡八十六年之后。其后，所谓宗教复兴，则开始于自后一戊子年。

[1] 纳克楚・鲁扎瓦：人名。汉文音译作"阿纳楚罗咱瓦"。

[2] 罗们・瓦鲁・察拉瓦：人名。汉文音译作"绰勒吉不・嘉勒瓦"。

[3] 绰克图・博彦图可汗：蒙古语译人名。汉文音译作"锡咱噶达可汗"。

[4] 屈邦噶喇・锡哩・尹湛纳：人名。汉文音译作"迪巴木噶喇・锡哩・音扎纳"。

[5] 乌力吉・达巴忽日拉散：蒙古语译人名。汉文音译作"扎什・则克巴"。

[6] 格日勒图里：蒙古语译人名。汉文音译作"鄂特德"。

[7] 崇古：地名。汉文音译作"崇布"。

[8] 诺木杜尔・赫其业克奇：蒙古语译人名。汉文译作"郤尊"。

[9] 库斯・鲁扎瓦：人名。汉文音译作"固纳罗咱瓦"。

[10] 特古斯・乌由图・冉察：蒙古语、梵语译人名。汉文音译作"罗丹・锡喇卜"。

第三章

蒙古诸可汗源流

如今谨案蒙古地方汗位之统，如吐蕃特之可汗中，至共主色格日·散达里图可汗·托格勒·额镇[1]七世之孙，达赖·苏彬·阿如·阿拉坦·西热图可汗[2]被其大臣隆纳木谋害而夺其可汗之位，其三子博喇楚、西巴古楚[3]、孛儿帖·赤那等俱各逃亡别处，幼子孛儿帖·赤那逃到了恭博[4]之地。因为他不相信这个恭博国的人，娶名为豁埃·马阑勒的妻子，渡过腾及思海，趋之东方，至拜噶勒木仁附近的不而罕·合勒敦山，而遇见必塔国的人们。他们询问其来由，则引古额讷特格的众所拥戴之可汗及吐蕃特共主之后来回答他们的询问。于是，必塔国的人们商量说："这个人是个有身份的贵族，我们本来没有共同的首领，就请他做我们的诺颜吧！"遂推尊他为诺颜，一切事情都听他的旨意而行。其子巴塔

[1] 色格日·散达里图可汗·托格勒·额镇：传说中吐蕃特可汗尊号。汉文音译作"尼雅特赞博可汗"。

[2] 达赖·苏彬·阿如·阿拉坦·西热图可汗：蒙古语译吐蕃特可汗尊号。汉文音译作"色尔特赞博可汗"。

[3] 西巴古楚：蒙古语译人名。汉文音译作"锡巴古齐"。

[4] 恭博：地名。

◆ 蒙古国杭爱省草原 ◆

萨南、巴塔赤罕二人，巴塔赤罕之子塔玛察克[1]，其子豁里察儿·篾儿干，其子阿兀站·孛罗温勒，其子萨里·噶勒珠[2]，其子也客·你敦，其子萨木苏其[3]，其子哈里·哈儿楚[4]，其子孛儿只吉歹·蔑儿干。孛儿只吉歹·蔑儿干与妻子忙豁勒真·豁阿生脱罗豁勒真·伯颜，脱罗豁勒真·伯颜与妻子孛罗黑臣·豁阿生都蛙·锁豁儿、朵奔·蔑儿干兄弟二人。都蛙·锁豁儿的儿子为多内·道克顺、额木里克·额尔和，他们是卫拉特的额鲁特、把图特、辉特、赫热努特四姓的祖先。他称其为都蛙·锁豁儿的原因是在他的额头中间有一只眼睛，而能看三程[5]远的地方。

《大元圣政国朝典章》，简称《元典章》，六十卷，并附新集不分卷，是一部元代前、中期法令文书的类编。《元典章》六十卷（习称"前集"），收录文书年代自元宪宗七年（丁巳年，1257年）始，至元仁宗延祐七年（1320年）止，分诏令、圣政、朝纲、台纲、吏部、户部、礼部、兵部、刑部、工部十大类。"新集"全称为"新集至治条例"，不分卷，收录文书下限延至英宗至治二年（1322年），主要是仁宗延祐后期到英宗至治二年之间的文书，分国典、朝纲、吏部、户部、礼部、兵部、刑部、工部八大类，部分内容与前集有重复。新集之后，又附"都省通例"一条。学者一般认为该书应当是元代中期地方官府吏与民间书坊商贾合作编纂的产物。

屈文军《〈元典章〉的史料价值和通读要领》（《内蒙古社会科学》2003年第6期）一文，写道："《元典章》中可以了解元代各级政府处理政务的具体过程，尤其是能够了解皇帝听政的大致情况。"最新版为陈高华等点校的《元典章》（中华书局、天津古籍出版社2011年）。

他们兄弟二人正走在不而罕·合勒敦山上时，哥哥说："自那推仍山阴，顺统格黎克小溪，徙来一群人。其中一辆车上有一位美貌女子，看看她，给你娶来做妻子吧！"说罢，二人走到车子跟前询问。他们告诉兄弟二

[1] 塔玛察克：人名。《蒙古秘史》作"塔马察"。

[2] 萨里·噶勒珠：人名。《蒙古秘史》作"撒里合察兀"。

[3] 萨木苏其：人名。《蒙古秘史》作"挦锁赤"。

[4] 哈里·哈儿楚：人名。《蒙古秘史》作"合儿出"。

[5] 程：古代蒙古语地距名词，谓"捏古力"。一程为三十华里。

◆ 蒙古大汗图 ◆

人说："豁里·秃马惕部的豁里台·蔑儿干[1]之妻博罗克沁高娃[2]，生于阿里克·乌孙[3]之地的名叫阿兰·豁阿的女子，择地而行呢。"遂聘其为弟弟朵奔·蔑儿干之妻。于是，生伯勒古台[4]、伯古讷台[5]二子后，朵奔·蔑儿干逝世。

其后，阿兰·豁阿哈屯每夜梦见一美貌无名少男来与她共寝，翌晨向曙即起去，因告事于妯娌及侍婢等，如是寡居而生布古·哈塔吉[6]、萨勒其忽[7]、孛端察儿·蒙合黑三子。

由是，其诸子渐长，有的不怀好意的人说："哪有寡居而生孩子的道理？在她家里有一个巴雅古特部的名叫忙来的人[8]，经常与她来往，莫不是和他生的！"伯勒古台、伯古讷台二人也随着他们讥笑母亲。阿

[1] 豁里台·蔑儿干：人名。《蒙古秘史》作"豁里剌儿台·蔑儿干"。

[2] 博罗克沁高娃：人名。《蒙古秘史》作"巴儿忽真·豁阿"。

[3] 阿里克·乌孙：地名。《蒙古秘史》作"阿里黑·乌孙"。

[4] 伯勒古台：人名。《蒙古秘史》作"不古讷台"。

[5] 伯古讷台：人名。《蒙古秘史》作"别勒古讷台"。

[6] 布古·哈塔吉：人名。《蒙古秘史》作"不忽合荅吉"。

[7] 萨勒其忽：人名。《蒙古秘史》作"不合秃·撒勒只"。

[8] 巴雅古特部的名叫忙来的人：人名。《蒙古秘史》作"马阿里黑·伯牙兀歹家人"。

兰·豁阿母亲因此交给五个孩子每人一支箭说："把它折断！"他们个个都折断了。她又把五支箭包成一束，叫他们折断，他们五个人谁也没能折断。母亲对他们说："我的二位长子，你们听别人的话而讥笑我！"接着将以前做梦的事，一一告诉了他们说："以此看来，你们的三位弟弟是上天的儿子啊！而今你们五个人如果不和睦，各异其行，则像以前的一支箭，以孤而将被别人所拥有；相辅同行，则如刚才的箭束，以众而将不为所害啊！"由是，诸子和睦相处了。

后来，他们分家产的时候，给孛端察儿一匹疮脊秃尾锈鬃兔鹘马[1]外，别的什么也没有。（孛端察儿）和其四位哥哥生气，独自溯斡难河而去。在那里碰见一只雏鹰捕乌鸡而食，遂套取养起来。之后，又放它多捕鸭雁，结茅庵而宿，常从那里的一群放浪之民处讨酸马奶喝。

其后，其兄伯勒古台来寻弟弟，询问那群人，他们告诉他说："你的弟弟每天都来我们这里喝酸马奶子，每当他来时都降雨。请您稍等片

[1] 疮脊秃尾锈鬃兔鹘马：马名。《蒙古秘史》作"秃尾黑脊青白马"。

◆ 马奶制作工具 ◆

◆ 蒙古毡帐、车图 ◆

刻。”说话间，天无云而落雨，而孛端察儿忽然出现在旷野上。

于是，兄弟五人商量掳掠那群放浪之民。孛端察儿抓住其中一位怀孕数月的妇女为妻，其名博丹[1]。由是，哈塔吉为哈唐斤[2]、博古·萨勒吉忽[3]为萨勒吉古惕[4]、孛端察儿为孛儿只斤氏，称那位孛兀勒·星西图[5]博丹腹中之子为扎齐拉台[6]，其后人成了扎齐拉台氏[7]。

孛端察儿所生二子之中，以其抓来的妻子所生的儿子，故名之为巴阿里歹。以其有可汗根基，名合必赤·巴特尔。合必赤·巴特尔之子伯黑尔·巴特尔[8]，其子玛哈·图丹[9]，其子哈齐·库鲁克[10]，其子拜·松

[1] 博丹：人名。《蒙古秘史》没有此人的名字。汉文作“勃丹”。

[2] 哈唐斤：部称。《蒙古秘史》作“合荅吉”。

[3] 博古·萨勒吉忽：人名。《蒙古秘史》作“不忽秃撒勒只”。

[4] 萨勒吉古惕：部称。《蒙古秘史》作“萨勒只兀惕”。

[5] 孛兀勒·星西图：蒙古语。意思是奴隶相的。

[6] 扎齐拉台：氏族称谓。《蒙古秘史》作“札只剌歹”。

[7] 扎齐拉台氏：《蒙古秘史》作“札达兰氏”。

[8] 伯黑尔·巴特尔：人名。《蒙古秘史》无此人，汉文作“伯格尔巴图尔”。

[9] 玛哈·图丹：人名。《蒙古秘史》作“篾年·土敦”，汉文作“马哈图丹”。

[10] 哈齐·库鲁克：人名。《蒙古秘史》作“合赤·曲鲁克”。

豁尔·多克申[1]，其子顿巴海·彻辰[2]，其子哈布勒可汗[3]，其子巴尔达木·巴特尔[4]，其子也速该·巴特尔[5]、讷坤·太师[6]、蒙格图·乞颜[7]、答理台·斡惕赤斤[8]四个人。

却说，也速该·巴特尔偕讷坤·太师、答理台·斡惕赤斤二位弟弟，往雪地踏天马踪，看见迁徙的车辙附近，有一处妇女的尿痕，说："这个女子一定能生贵子！"遂沿车辙追踪过去，原来是塔塔尔部[9]的也克·赤列都，从斡勒忽纳惕部迎娶斡格伦母亲[10]回家。他们走近车旁，见面而归。斡格伦母亲对也克·赤列都说："你注意没注意刚才来的三个中较大的那个人的来势？"说着，脱下内着的衬衣递给他，催说他："赶快逃命吧！"说话间，那几个人赶了上来，也克·赤列都逃走了。他们三个人追过三河之远，遂掳斡格伦母亲，也速该·巴特尔将其纳为妻子。

[1] 拜·松豁尔·多克申：人名。《蒙古秘史》作"伯升豁儿多黑申"。
[2] 顿巴海·彻辰：人名。《蒙古秘史》作"屯必乃薛禅"。
[3] 哈布勒可汗：人名。《蒙古秘史》作"合不勒可汗"。
[4] 巴尔达木·巴特尔：人名。《蒙古秘史》作"把儿坛巴特尔"。
[5] 也速该·巴特尔：人名。汉文作"也速该巴噶图尔"。
[6] 讷坤·太师：人名。《蒙古秘史》作"捏坤太子"。
[7] 蒙格图·乞颜：人名。《蒙古秘史》作"忙格秃乞颜"。
[8] 答理台·斡惕赤斤：人名。《蒙古秘史》作"答里台斡惕赤斤"。
[9] 塔塔尔部：部称。《蒙古秘史》作"篾儿乞惕部"。
[10] 斡格伦：人名。《蒙古秘史》作"诃额仑"。

萨冈彻辰撰写的《蒙古源流》：《蒙古源流》原书不分卷，清代蒙古族萨冈彻辰撰。全书以编年体上溯蒙古部落的崛起及成吉思汗王统的起源，并与印度、西藏诸王世系联系到一起，下述元至清初蒙古的历史文化及佛教传播，历述元明两代蒙古各汗的事迹，其中有关明代北元朝蒙古部封建主纷争的内容占全书之半。书中对北元达延汗及俺答汗时期政治、经济、宗教、领地划分、各部战争和诸汗世次、名号、生卒年及人地诸名、职官等的叙述在所有蒙古文史籍中最为详细。此书还收录了很多蒙古民间传说、诗歌及藏、梵、汉、满等族的语言资料。乌兰所著《〈蒙古源流〉研究》（辽宁民族出版社 2000 年）是全面研究《蒙古源流》的最新著作。

自前戊子纪年以来，三千二百九十五年，岁在壬午，父也速该·巴特尔与斡格伦母亲哈屯二人，生下一位瑞相全备的奇儿。适值掳来塔塔尔部的铁木真兀格[1]凯旋之机，遂称其小名为“上天所赐铁木真”。

与铁木真同母所生有哈萨尔[2]、哈赤温[3]、斡惕赤斤，帖木伦[4]以及达嘎西哈屯[5]所生别克帖儿、别勒古台二人。

其后，也速该·巴特尔为其子铁木真求亲，前往其舅舅的斡勒忽纳惕部，途中遇见弘吉喇特部[6]的德薛禅[7]。（他）问道：“乞雅特·雅俗图[8]孛儿只斤氏亲家，去往什么地方啊？”也速该·巴特尔回答说：“我要为我这个儿子寻亲去！”德薛禅对他说：“今夜我梦见一只白海青落

◆ 成吉思汗诞生地 ◆

[1] 铁木真兀格：人名。《蒙古秘史》作“帖木真”。
[2] 哈萨尔：人名。《蒙古秘史》作“合撒儿”。
[3] 哈赤温：人名。《蒙古秘史》作“合赤温”。
[4] 帖木伦：人名。《蒙古秘史》作“帖木仑”。
[5] 达嘎西哈屯：人名。《蒙古秘史》没有记载。
[6] 弘吉喇惕：部称。《蒙古秘史》作“翁吉剌惕”。
[7] 德薛禅：人名。汉文作“岱彻辰”。
[8] 乞雅特·雅俗图：种称，蒙古语，意思是“有乞雅特种的”。

◆ 成吉思汗出生地纪念碑 ◆

在我的手上。看来是你们孛儿只斤氏的苏力德[1]在托梦。我们自古以来就是：

送我美貌的女子，

做你们众多的孛儿只斤氏之哈屯，

送我贤淑的女子，

做你们承命的孛儿只斤氏之哈屯。

如今我有一个独生女儿，名字叫孛儿帖，今年九岁，可配给你的这个儿子。"

也速该·巴特尔嫌孛尔帖年纪小，可铁木真却说："终究要做成的事，还是即成了好！"（也速该·巴特尔）遂敬德薛禅礼酒，送其双马为聘礼，

[1] 苏力德：蒙古语，与"图腾"相近。

留铁木真而归。

返回途中塔塔尔部人正在举行宴会。他们邀请他（也速该·巴特尔）说："见现成的食物不得回避，请你过来食用！"也速该·巴特尔想："按理不得回避！"遂参加了他们的宴会。他们念及旧仇，暗地里在其食物中下毒。也速该·巴特尔遂中毒，拖着中毒的身体回到家，说：

◆ 1170年，也速该为九岁的铁木真定亲，返回的路上被塔塔尔人毒害 ◆

"曾经进入归顺的人家，

吃了他们做的美食。

伤害了自己的性命，

赶快将铁木真接来！"

遂遣晃豁坛部的蒙力克前往。其间，也速该·巴特尔已归天。

不久，达嘎西哈屯相继逝世，斡格伦母亲独自养育其六子成长。有一天，铁木真、哈萨尔告诉母亲："别克帖儿、别勒古台二人曾经夺我们所钓的鱼。今日又夺哈萨尔射死的雀，想要舍弃他们二人！"母亲呵斥他们说："你们怎能说出像过去泰亦赤兀惕部的斡尔伯高娃五个儿子那样的话呢？你们如今除了影子没有朋友，除了尾巴没有鞭子，必须和睦相处。"

铁木真兄弟逞恶意接近别克帖儿、别勒古台二人的时候，别克帖儿却说："想杀就杀我吧！不要杀死别勒古台。他将来会为你们效力的！"铁木真杀死了别克帖儿。他们回到母亲身边，母亲大怒，谴责他们说：

"我用野果野葱养育的儿子们，

将要成为英雄豪杰了。

我用石松沙葱养育的儿子们，

将要成为善战的勇士了。

正当我欣喜地等待之时，

你们怎么如此杀害其中的一个？

今后你们不是要相互杀尽吗？

◆ 别勒古台 ◆

如驰于山峰的萨拉巴尔[1]，

如咬其胞衣的恶狼，

如冲其影子的海青，

如掉尾自击的银鼠。

看看和你们相近的，

细条的只有长蛇，

黏糊的只有青蛙，

除此之外还能有谁！”

◆ 铁木真被塔尔忽台捉住 ◆

不久，泰亦赤兀惕部忽然举兵来袭击他们，泰亦赤兀惕部的人大声吆喝着说：“不关别人的事，就将铁木真献出来！”铁木真闻言，搭箭而出之机，母亲拽他隐进斡难河边的森林中。（泰亦赤兀惕人）知道后，守住了森林的入口处。铁木真在森林里待了三天三夜想要出来的时候，马的扳胸依然扣着，肚带依然系着，但马鞍子却翻了下来。（铁木真）想：“肚带松扣还可以，后鞦紧扣着马鞍怎能脱落呢？是不是天父在制止我呢？”又过了三宿，再想出林子的时候，见有一块大白石塞在山口。（铁木真）想：“原来没有这块石头，岂不是天父在制止我呢？”回去又过了三宿。这样，已过了九宿。（铁木真）想：“这样如何是好！”遂出了林子，泰亦赤兀惕人仍在那里守候着，抓住了铁木真，给他带上铁链铁镣，各家轮流囚禁。

到仲夏十五日[2]，泰亦赤兀惕部举行盛宴，饮酒至深夜。（铁木真）扭断其脚镣，以链击昏守候的人而逃出。于是，（泰亦赤兀惕人）共同出动，

[1] 萨拉巴尔：蒙古语，古代北方的一种猛兽名。

[2] 仲夏十五日：《蒙古秘史》作“夏初月十六日”。

往返寻找。速勒都孙的陶尔干西拉[1]见其隐伏于水道中，心想：以前，我的赤老温、沉白两个儿子很欣赏他。就对他说：“你如此隐伏是对的，我往森林处找去！”说罢，就过去了。（铁木真）心想：“这是个好人！”夜深人静后，他找到了陶尔干西拉家。

陶尔干西拉的两个儿子赤剌温和沉白说：

“逃来的鸟儿，
受到草丛的保护，
况此来投的，孛儿只斤氏天之骄子，
如果不好生款待，
对我们有什么好处！”

遂用斧子砸断其镣链，令其隐藏于载羊毛的车中。翌日，（泰亦赤兀惕人）逐户搜查而来，搜到陶尔干西拉家，要搜载羊毛的车时，陶尔干西拉的女儿哈达干[2]哭着说：

“如此炎热的天气，
为什么为了别人，
让自己的人受苦！”

其妻子也阻止道：

“如此暑热中，
怎能把人隐藏于羊毛之中？
为什么猜疑自家人呢？”

◆ 铁木真藏在羊毛车里 ◆

于是，搜查的人们回去了。

陶尔干西拉说：“铁木真儿子啊！我们全家差点灰飞烟灭了！”然

[1] 陶尔干西拉：人名，《蒙古秘史》作“锁儿罕失剌”。
[2] 哈达干：人名，《蒙古秘史》作“合答安”。

后给他骑上去掉右镫的白骒马，杀特勒[1]羔羊作为他的行粮，送他上路。

（铁木真）回到家，见到了母亲及弟弟们，皆大欢喜。

岁在戊戌，铁木真十七岁时，娶丙戌年生之十三岁的孛儿帖·珠辛。

有一天，泰亦赤兀惕人又来，尽盗（铁木真家的）八匹骏马而去。（铁木真）乘别勒古台猎土拨鼠所乘的栗黄马，踏草踪追去。在途中遇见了阿鲁剌特部的拉忽巴颜[2]之子孛斡儿出在放马。孛斡儿出问："喂！乞雅特种孛儿只斤氏可汗之子的您，从哪里来的？"回答说：

"在光天化日之下，

盗贼劫掠了我的八匹骏马。

因而踏草踪追赶到此，

遇见了拉忽巴颜之子的您。"

孛斡儿出说：

"以前我曾听说您在艰难中，

男儿行本无异，

我愿与您同去！"

遂自乘其忽儿敦·忽必的草黄快马，给铁木真换乘黑脊青白马，相伴而去。黄昏时分，追及而窥伺，则其众人已结库列延[3]而宿。等到夜晚，将进入其库列延赶回八匹骏马时，可汗之子说："我进去吧！"孛斡儿出说："吉日里随您孛儿只斤之裔，哪有临战而回避之理？"

◆ 推举可汗会议 ◆

[1] 特勒：蒙古语，吃两个母乳的羔羊。

[2] 拉忽巴颜：人名，《蒙古秘史》作"纳忽伯颜"。

[3] 库列延：蒙古语，是指众多牧户以圈形驻扎于野外的宿营法。

二人同入其库列延，驱八匹骏马而出。他们进入拉忽巴颜家时，拉忽巴颜与他们相向而笑，向背而泣，说："你们做得对，男儿之行一致啊！不要忘记你们的这次行动。"遂杀特勒羔羊为其行粮，将铁木真送上了路。

其后不久，孛斡儿出追随铁木真而来。从此，事无难易，共赞方略而行焉。

岁在己酉，铁木真年二十八岁，于克鲁伦河的阔迭额·阿拉勒即可汗位。自其三日之前，房前一块四方石头上，每天早晨落下一只似雀的五色鸟，啭声"成吉思、成吉思"。[1] 遂中外共称英明博格达成吉思汗，而名扬天下四方。

当时，那块石头忽然自己裂开，从其内出来一块玉石宝印，长宽皆一拃，背有龟纽，上盘二龙，篆如浮雕。其印不多不少，一次能盖透一千张纸。遂于斡难河源，树起九斿白纛，遣人到德里温·布勒塔黑之地，树其威灵的四足哈喇·苏力德[2]，君临四十万的必塔国[3]。主乃降旨：

"当我艰难聚敛百姓之时，

与共患乐而多为效力的，

是我珍惜的必塔国。

经历艰难而成为中心的，

移动之上的，

呼和蒙古国！"

从此遂称"呼和蒙古勒国"。

由是，哈萨尔与七晃豁坛为党[4]，逃了出去。（铁木真）命速别额台·巴

---

[1] 成吉思：据拉施特·哀丁《史集》记载，这个称呼是由晃豁坛部帖卜·腾格里所起。

[2] 哈喇·苏力德：为成吉思汗的战旗。

[3] 必塔国：《蒙古秘史》无此说法。有学者认为是"北狄"的谐音。

[4] "哈萨尔与七晃豁坛为党"：这是对《蒙古秘史》之"斡篾列周"一词的误解而出现的说法。作者将古蒙古语"斡篾列周"理解为现代蒙古语之"乌木哥勒住"，随意捏造出了这段故事。

特尔率兵追赶。主上降旨道：

“仰如顶上之月徽，

尊如冠上之簪缨，

盘如珍贵之贲首，

结如磐石之群臣，

围如金汤之圆阵，

列如竹林之众军。

你们静听我命令：

为了嬉笑的事业，

当如十指而并行；

为了奋勉的事业，

当如鹰隼而搏击；

为了戏耍之事业，

当如蚊蝇而拥扑；

为了阵战的事业，

当如鹰鹯而搏击！”

速别额台·巴特尔奏曰：

“愿竭力以勉之，

能与否由主上威灵知之！

谨慎追赶试之，

成功与否由主上的威灵知之！”

◆ 汉白玉建筑构件　元代 ◆

遂行，将追及哈萨尔，速别额台·巴特尔说：

“离异肝脐之亲，

必成他人之属，

离开同气之人，

必为他人所获，

生民自然易得，

肝脐实属难得，

贡民自然易得，

胞弟不可再得！”

哈萨尔闻其所奏，以为在理，返回来与其可汗哥哥和好了。

其后，哈萨尔、别勒古台二人相交甚紧密，并私下里说：“我们的这位主子无道而且施行暴政，本来以你我的善射和善斗，制服了敌手，占有了仇敌，今欲征服五色人，除你我二人还有谁能为他效力啊！”

主子知道他二人如此骄矜，想暗中抑制他们的骄矜，遂化作一个贫贱的老人，欲售一张长弓，沿户而行。正好碰见了哈萨尔、别勒古台二人。他们二人见到他，鄙视地说：“喂！老儿，你的这把弓除了射沙溜子，还能有其他的用处吗？”老人说：“你们二位青年，还没试试之前，怎能如此鄙视？请试试吧！”二人讥笑着，别勒古台欲上弦而力不及。老人上弦后把弓交给哈萨尔，哈萨尔接过弓来未能拉开。于是，那位老人在他们的眼前化作一个乘骑青线脸骡子的花白老叟，用其长弓，搭上金箭，射裂一座山崖，并说：“唉！二位青年，俗话说：‘说大话不如吃大口’，你们败在将死之老者手里了！不是吗？”说罢，扬长而去。二人商量：“这位老人不是一般老人，可能是主子的一个化身！”

◆ 哈萨尔 ◆

从此以后，他们二人处处畏惧而慎重了。[1]

其后，恩古特[2]的乌仁·昌贵[3]率三十一努图克[4]离去。主上与哈萨尔二人追上了他们，相对激战。哈萨尔乘骑主上的叫赛音·萨木津的兔鹘马，与名叫陶克唐嘎·巴特尔台吉[5]的儿子二人，率先冲杀，直杀

[1] 这段故事也是后人根据哈萨尔与别勒古台的功勋，以他们的性格随意捏造的故事。

[2] 恩古特：是蒙古一个部落名称，为汪古惕的变音。

[3] 乌仁·昌贵：人名，《蒙古秘史》为阿剌忽失的吉惕忽里。汉文作“乌兰昌贵”。

[4] 三十一努图克：《蒙古秘史》作“十三翼”。汉文作“三十一营”。

[5] 陶克唐嘎·巴特尔台吉：人名，哈萨尔第三子秃忽。汉文作“托克唐阿·巴图尔”。

◆ 蒙古骑兵图 ◆

的赛音·萨木津（马）被血染成红色，打败收服了他们，后因乌仁·昌贵的手艺而赦免了他。

由是，卫拉特的布哩亚特之斡噜克色古西，自也克·拜噶勒·木仁捕获一只鸦鹘，献给圣主。于是，他成为布哩亚特郭族的主子。

由是，岁在庚戌，（成吉思汗）年二十九岁时，往纵其鸟，自斡勒灰河[1]趋乌拉河。则珠尔齐特部王春可汗[2]叛而徙去。因此，主上大怒，调兵往讨之。在那里，因为乌拉河没有渡口而被堵截。于是，陶克唐嘎·巴特尔台吉、哈敦·青台吉[3]，连结万马之辔，呐喊而进，渡海围其城。主上降旨："如果给我们送一万只燕子和一千只猫的话，我们可以不围你们的城！"不久，他们从城中如数送出那些动物。于是，兵士们系糌油的棉花于每一只燕子、猫尾之上，点燃而纵入城中。燕子飞入房子中的巢窝，猫跳窜到房梁上，全城起火。即用这种计策收服其城，可汗自娶王春可汗名叫扎利海[4]的女儿。从那里回归的途中，名叫扎利海的哈屯去世了。

◆ 元代五股铁叉 ◆

岁在辛（壬）子，（成吉思汗）年三十一岁时，出征日出方向，将

[1] 斡勒灰河：河名，今名"乌拉盖河"，位于锡林郭勒盟东乌珠穆沁旗。汉文作"斡勒呼河"。

[2] 王春可汗：人名，《蒙古秘史》无此人。汉文作"旺楚克可汗"。

[3] 哈敦·青台吉：汉文作"托克通阿巴噶图尔台吉之子安敦·卿台吉"。

[4] 扎利海：人名，《蒙古秘史》无此人。汉文作"雅里海"。

◆ 蒙古骑兵征战图　元代 ◆

渡乌讷根·木仁。因乌讷根·木仁涨潮，主子就在木仁这边屯驻，并遣使宣告："为我纳贡吧！否则准备战斗！"苏隆古斯[1]的察干可汗惧怕而进献苏隆古斯·蔑儿吉惕·答亦儿·兀孙[2]之女忽兰高娃，并以虎皮帐房及布哈斯、苏隆古斯二努图克人为侍者。这样，收服察干国的三万苏隆古斯，在那里留住三年。孛儿帖·珠辛哈屯遣阿尔哈孙·豁儿赤前来慰问。豁儿赤来到主子跟前，向主子请安问候，上奏主上说：

"您的正妻孛儿帖·珠辛哈屯，

您的诸公主及姻戚等，

您的玉宇大朝之政事，

您的广大国土均安然。

娑罗树上有海青产卵，

但依赖其树而不自觉，

为花豹坏其所营之巢，

[1]　苏隆古斯：部称，汉文作"索沦"。

[2]　苏隆古斯·蔑儿吉惕·答亦儿·兀孙：人名，《蒙古秘史》作"豁阿思·蔑儿吉惕的答亦儿·兀孙"。汉文作"索伦·墨尔格特·岱尔·乌逊"。

其卵及雏儿均被偷吃。

苇塘之中有鸿雁产卵，

但赖其苇荫而安栖之，

为白超坏其所营之巢，

其卵及雏儿均被偷吃。

我的天命主子自鉴之。”

主上听到他所说的警语，感到在理，说：“你说得对！”遂收兵回国。将到家，主子降旨道：“尚未创业之时所遇的我孛儿帖·珠辛哈屯，是我先父所配的，母亲一样的妻子。外出娶此忽兰啊，难见守家的孛儿帖·珠辛。当着属民生我的气，我怎能见人？你们九乌尔鲁克[1]中，有一人先行，向孛儿帖·珠辛说明好吗？”

扎赉儿部的木华黎说：“我愿行！”遂先行。（木华黎）拜谒孛儿帖·珠辛哈屯而奏称：

[1] 乌尔鲁克：蒙古语，初称“元帅”，后意为“大臣”。

◆ 印金花卉图案纹长袍 元代 ◆

“（主上）有旨，

未守所创之国朝，

为固我国事而行。

未听大小臣之言，

入彼虎帐之花色。

为收服远方的国家，

而娶忽兰哈屯为妻。”

孛儿帖·珠辛·彻辰哈屯降旨说：

“孛儿帖·珠辛哈屯之所愿，

举国大众之志行。

可汗主子的威力，

主其自鉴行好逑。

苇塘中鸿雁多多，

主其自鉴随便射。

国中女子本多多，

主其自鉴恩有缘。

妇人愿更纳妇人，

烈马愿加鞍于背。

自古道健康无患，

病痛越少善其多。

唯愿可汗金带固，

我辈妇人复何言！”

木华黎回迎（可汗）转告了这些话。

自从那边回来的路上，因为阿尔哈孙·豁儿赤[1]携带御膳别宿一夜

《事林广记》是宋元之际出现的一本日用百科全书型的古代民间类书。这本书的作者是南宋末年建州崇安（今属福建）人陈元靓，有关此人的详细情况，因为史料比较缺乏，因此不得而知，只是知道这个人可能是建阳（今属福建）麻沙书坊雇佣的编书人，或许利用工作之余，收集了一些相关的资料，然后根据社会生活的需要将这些资料汇编成书，或许发行之后他也没有想到能够流传百世。这本书在元代和明初时曾被人翻刻，翻刻时内容上多少有些增补。

[1] 阿尔哈孙·豁儿赤：人名，《蒙古秘史》无此人名。有人疑其为巴阿林部的豁儿赤。看此人善言辞，似札剌亦儿部的阿儿孩哈撒儿。

◆ 白釉矮身横梁式马镫壶 ◆

之故，主上命孛斡儿出、木华黎二人弃阿尔哈孙·豁儿赤。他们二人急招阿尔哈孙·豁儿赤，叫他备上二桶酒过来，则主上尚未起床。孛斡儿出自（帐）外启奏：

"曦光射入您的明堂，

失误者已聚于门外。

请光辉的身躯起床，

昭示您圣明的旨意。

旭日射入您的玉殿，

请求打开宏大门庭。

负辜者恳求您睿断，

望您降旨决断是荷。”

等主上起床，遂送阿尔哈孙·豁儿赤入帐，主上没有降旨。孛斡儿出、木华黎二人努嘴示意，则阿尔哈孙·豁儿赤上前启奏：

“巧舌的喜鹊喳喳啼，

勇猛的海青来冲刺。

喜鹊不及急躲闪。

惹主上发怒甚惶恐。

自我十岁从我主，

未使知我行不羁。

嗜酒误事我有过，

未尝心怀相叛逆。

◆ 彩绘毡帐车、陶俑　元代 ◆

自我二十从我主，

未使知我性怪癖。

嗜酒误事我有过，

未尝心怀想危害。”

（可汗）闻奏而降旨说：

“赖其能言而得脱的阿尔哈孙，

赖其善辩而得免的豁儿赤。”

遂赦其罪。

其后，泰亦赤兀惕部的彻勒格尔·博克[1]，在其房中掘一穴，覆毡于其上，兄弟们共同设宴，来请主上。说：

“在您小的时候，

无知而与您相斗。

看到您所向无敌，

才知是天命主子。

恕同族之失误，

则其归附更速。

追咎以往无益，

请光临我敝舍。”

主上欲往，斡格伦哈屯·母亲提醒道：

“勿以仇敌少而慢之，

勿以毒蛇小而轻之。当防范为宜。”

（成吉思汗）尊母亲的教诲，命哈萨尔持弓箭守护在门外；命别勒古台为司宴；命哈赤温为掌管马匹；命斡惕赤斤为近侍；命九乌尔鲁克

敖伦苏木发现的文书：由日本著名考古学家江上波夫率领的日本考察队先后于1935年、1939年、1941年在敖伦苏木古城（位于今达尔罕茂明安联合旗百灵庙北三十余公里）遗址上进行挖掘后发现了200多件蒙古文文献残片。据德国海西希等学者的研究，认为这些残片属于16—17世纪手稿，原件保存在日本。1976年，海西希将全部残片影印出版，并进行拉丁文撰写、识读和考证。残片大部分是佛教经典、咒语经的抄本，也有不少关于天文历书、算卦书、格律诗以及与民俗学相关的重要的蒙古文文献。

[1] 彻勒格尔·博克，汉文作“布克·齐勒格尔”。

一同入室；命三百六十名宿卫在外守卫。分派就绪，遂行。

到了那里，主上进其室欲坐毡中时，聪明的斡惕赤斤引坐于毡边。当时，有一个妇女割取主上所乘御马的右镫而去，别勒古台追了上去，踢断了她的腿。则不里·搏克[1]挥刀劈伤别勒古台的肩膀。泰亦赤兀惕部的伏兵出来激战时，哈萨尔箭无虚发，（被射中者）应弦而倒。九乌尔鲁克护卫主上，别勒古台用左手扶主上乘科尔沁之陶克唐嘎台吉的飘骗白马而去。不久，（主上率领众人）击败泰亦赤兀惕部而收服。

◆ 錾花铜重甲　元代 ◆

之所以与泰亦赤兀惕部结仇，是因为以前巴图·察干之裔哈布勒可汗的七个儿子，与巴塔·萨南之裔俺巴孩可汗的十个儿子相攻杀。他们袭击哈布勒可汗的七个儿子，杀死了其六个兄弟，掳其必塔国之八部人众时，巴尔达木·巴特尔的五个儿子中三人负伤逃了出去。当时，巴尔达木·巴特尔的长子也速该·巴特尔刚刚十三岁，射穿身穿甲胄的人，夺乘其马，跟随父亲突围而出。其妻赛音·马阑勒·哈雅克，挈其讷坤·太师、蒙格图·乞颜、答理台·斡惕赤斤三子，步行杀出而相会。自是失去了部落[2]。

◆ 龙纹铁马镫　元代 ◆

至此，脚踏那些宿仇之

[1]　不里·搏克，据《蒙古秘史》及汉文补之。

[2]　自是失去了部落：汉文作“自是失其国焉”，此处应译成“部落”。

◆ 青釉碗　元代 ◆

人，收服那些嫉妒之众，振旅而还。

有一天，（成吉思汗）正坐在宫中，忽然从天窗落下一个玉碗，降在他的手中。碗内有满盛而不溢，若酒而奇香的饮料。主上独自饮用之时，其四位弟弟说："主上为什么独自享受上天所赐的神物？"主上答应他们，把剩余的分给他们喝。四人相继品尝，而未能下咽。四位弟弟说：

"这是您的父亲玉皇大帝所赐，

圣主天子的宝器甘露啊！

我等误认而嫉妒了您。

您是我们命中注定的主子！

从此以后，我们愿服从您！"

主上降旨：

"因为我承上天之命，

前此即可汗位的时候，

龙王给了我玉玺。

而今值此胜夙仇之时，

上天赐予了我甘露。

如此看来你们说得在理。”

即于是年，岁在癸丑，年三十二岁时，纳塔塔尔部的也克·朝儒[1]之女儿也速哈屯、也速黑哈屯[2]姐妹二人为哈屯。

其后，征服乞塔特国。

古代乞塔特国，第一代可汗叫汉高宗。相隔十二代之后，名叫昂郎（王莽）的大臣，篡夺汉高宗的汗位。过十八年后，可汗后裔叫刘公布的称可汗，杀死了昂郎，为汉高宗执政。其子汉明帝之时，派遣叫唐僧的喇嘛去额讷特格，请班第达·左克喇嘛，在白龙马上驮佛经而来。由是，那位班第达翻译佛经，首次传播了宗教。[3]

搏克：从体育和竞技上看，蒙古时代开始盛行“角抵”，流传至今为搏克。那个时候官方还成立了管理“角抵”和竞走的官衙。有诗文说：“九州水陆千官供，《蔓延》角抵呈巧雄。”（周伯琦《诈马行》）“黄须年少羽林郎，宫锦缠腰角抵壮。得隽每蒙天一笑，归来驺从亦辉光。”（王沂《上京》）诗歌不仅体现了角抵者的打扮、“巧雄”的本领，更表现了角抵在这个民众中广受欢迎与尊崇。

其后，可汗的后裔经二十四代，至汉献帝之时，他的大臣曹操夺取了可汗之位。其后，有叫司马懿的大臣夺取了曹操的可汗位。其后，他的后裔佟景宪（景）兄弟二人的宪景可汗被其大臣兴庆桑夺其可汗位。其后，他们的汗宗遂断绝。

在隋炀帝的时代，唐高宗成为他的大臣，在名叫大阳部（太原府）的城里称可汗。他生在丙子，年六十三，岁在戊寅，夺取隋炀帝可汗的可汗位，恢复了祖先的可汗位。在位八年，年七十岁，岁在己酉，崩。其后，原先的汉氏遂灭，成了唐氏。

其三子之中者，叫唐太宗，戊午年生，二十九岁丙戌年，即可汗位。

[1] 也克·朝儒：人名，《蒙古秘史》作“也客·扯连”。汉文作“也克·绰罗”。

[2] 也速、也速黑：人名，《蒙古秘史》作“也遂、也速干”。汉文作“济苏、济苏凯”。

[3] 此事发生在唐太宗时期，这里把汉唐两朝混为一谈，记载谬误。

在那个博格达时代，有十六位罗汉来到乞塔特之地，于夏营宫里诵读佛经。那个（可汗）派一名叫唐章宗老咱瓦的堂弟赴额讷特格，翻译了额讷特格的显密宗经文。他从额讷特格的叫算都的师傅学经书，在中原全体之中，第二次传播了宗教。他执政二十四年，岁在己酉，五十二岁崩。

其二子唐楚（高）宗、唐枣（中）宗二人，还有名叫文成公主的一个女儿。文成以发光而著称。儿子唐楚宗，戊（己）子年生，岁在庚戌，二十三岁称可汗，执政三十四年，岁在癸未，五十六岁崩。

其弟唐枣（中）宗，丙申年生，岁在甲申，年四十九称可汗。执政七年，岁在庚寅，五十五岁崩。

其子唐济（睿）宗，戊戌年生，岁在辛卯，五十四岁称可汗。在位二年。岁在辛（壬）辰，五十五岁崩。

其子唐函（玄）宗，甲子年生，岁在甲午，三十一岁称可汗。他崇奉佛舍利，镇抚孛额、额秃根皈依正教，最终传播了宗教。在乞塔特地方三次传播宗教的说法是如此。他在位四十三年，岁在丙子，七十三岁崩。

◆ 达摩面壁图 ◆

其子唐总（肃）宗，辛卯年生，岁在丁丑，四十七岁称可汗。在位六年，

岁在壬午，五十二岁崩。他被吐蕃特末代咱卡拉瓦伦可汗率兵征讨而杀。

其子唐（代）宗，庚戌年生，岁在癸未，二十三岁称可汗。在位十七年，岁在庚子，五十一岁崩。

其弟唐定（德）宗，辛酉年生，岁在庚子，四十一岁称可汗。在位二十五年，岁在甲子，六十四岁崩。

其子唐笱（顺）宗，己卯年生，岁在己丑，四十七岁称可汗。在位六个月零八天，是年崩。

其子唐晖（宪）宗，甲午年生，岁在丙寅，三十三岁称可汗。在位十一年，岁在丙子，四十三岁崩。

其子唐毛（穆）宗，癸丑年生，岁在丁未，二十五岁称可汗。在位三十年，岁在丙午，五十四岁崩。

其子唐沃（武）宗，己巳年生，岁在丁未，三十九岁称可汗。在位七年，岁在癸丑，四十五岁崩。

其叔父唐荪（宣）宗，戊寅年生，岁在甲寅，三十七岁称可汗。在位十四年，岁在辛巳，四十九岁崩。

其子唐纠（懿）宗，癸巳年生，岁在戊辰，三十六岁称可汗。在位十四年，岁在辛巳，四十九岁崩。

其子唐格哩（僖）宗，戊申年生，岁在辛（壬）午，三十五岁称可汗。在位十五年，岁在丙申，四十九岁崩。

其子唐吉（昭）宗，己丑年生，岁在丁酉，三十三岁称可汗。在位十四年，岁在辛酉，四十六岁崩。

其叔父唐景宗，庚辰年生，岁在辛亥，三十二岁称可汗。在位十一年，岁在辛酉，四十二岁崩。

唐景宗的儿子，唐颖吉廷（哀帝），己丑年生，岁在辛（癸）戌，三十四岁称可汗。在位四年，岁在己丑，三十七岁时，南加斯的梁诸颜夺取了他的朝政。

自唐各（高）宗称制的戊寅年至此己丑年，一共十九位可汗，二百八十八年的光景。

那位叫梁的诺颜于丙寅年称可汗，在位五十年，岁在己卯，乞塔特叫赵王的夺取其朝政，岁在丙辰，称可汗。

其后经六代，赵太祖属辖自丙辰年至丁酉年，经过一百零二年，由乞塔特·满洲的皇王夺取了他的朝政。

其后经九代，自戊戌年至甲寅年的一百三十七年上，蒙古的成吉思汗赶走了乞塔特·满洲的阿拉坦可汗，夺取其朝政。岁在甲寅，三十三岁时，征讨华地八十万乞塔特的十三省大众。天下共称大命英武成吉思可汗。

于是，唐古特的锡都尔古可汗，听到（成吉思汗）已取乞塔特阿拉坦可汗的朝政，大为恐惧，遣巴颜·萨尔塔嘎尔的儿子多尔栋为使臣，奏请："愿为您的右手，为您上贡！"主上允准。赏赉而遣归之。

那个使者住于泰亦赤兀惕部的雅布哈家里，夜坐闲话间说："你们的可汗真是一个上天之子啊！可是他的哈屯不太美丽。我们的哈屯古尔伯勒津·高娃，其容颜的光辉，夜不需烛。"当时，雅布哈之妻蒙和伦·高

元朝时期漠北的水井：作为元朝"肇基之地"的漠北，地域宽阔，"少林木，多大沙"，水源缺乏。直到窝阔台汗时期，漠北有的"川勒（即旷野）地面先因无水。止有野兽无人住"。像这样人烟稀少之地，自然无法发展农业或畜牧业。为了改善这种状况，蒙古统治者在"无水处教穿了井"，但究竟穿了多少井，史籍没有明确的记载，估计也不会多。

元朝建立以后，在漠北地区打井、开渠、浚河，兴修了不少水利。如元世祖至元九年（1272年）五月，"敕拔都军于怯鹿难之地开渠耕田"。至元二十五年（1288年）四月，"浚怯烈河以溉口温脑儿黄土山民田"。同年六月，发兵千五百人诣漠北浚井。至元二十六年（1289年）六月，"发侍卫军二千人濬口温脑儿河渠"。元武宗时，哈剌哈孙以太傅左丞相行和林省事，亦"浚古渠，溉田数千顷"。英宗延祐七年（1320年）七月，"调左右翊军赴北边浚井"。这一系列举措使原来缺水的一些地方变成了有水草的牧场，这对漠北农业、畜牧业的发展都是相当有利的。

◆ 蒙古军出行图 ◆

娃正好被征从可汗于行在。于是，雅布哈对主上密奏："听说锡都尔古可汗的妻子，淑姿古尔伯勒津·高娃哈屯，佳丽无比，日月羞涩，威武的天骄主子，一定要娶她！"[1]

其后，主上遣使致唐古特的锡都尔古可汗："我将征讨萨尔塔古勒[2]国，你为我当右手从征吧！"锡都尔古可汗说：

"即未尽收各国，

何必要称可汗？

[1] 成吉思汗征灭西夏（唐兀惕）国的战事起因，是于1219年西征花剌子模国时，成吉思汗令西夏国出军协助攻打花剌子模，西夏国大臣阿莎甘布说大话拒绝出兵。对此，成吉思汗狠下誓言："凯旋后要征讨西夏。"这里出现的这段故事，纯属捏造。所谓的古尔伯勒津·高娃原型为乃蛮部太阳罕的继母古儿别速。"成吉思可汗征服乃蛮部后，对古儿别速说：'你不是说我蒙古味臭吗？如今怎么来了？'这样把她纳为妾。"这对这位"美人"来说是莫大的耻辱。因此，有人设想让古儿别速向成吉思汗复仇，就捏造出了这段故事来。

[2] 萨尔塔古勒：蒙古人对花剌子模国的称谓。《蒙古秘史》作"撒儿塔兀勒"。

兽中之王狮子，

人之枭雄可汗，

你二位用什么朋友？”

于是，主上大怒，发狠道：

“此名不替，

终不恕你！

天父其鉴之。”

弘吉喇特的瓦奇尔·彻辰奏曰：

“我的主上为什么不降旨称，

生子至于成立，

铁镫至于豁口，

而自以御命设誓？

愿君之御命健康，

愿君之凶敌败亡，

愿君之贡民丰厚，

愿君之声誉远播。”

岁在乙卯，（成吉思汗）三十四岁时，率兵征讨萨尔塔古勒国。萨尔塔古勒的扎里勒敦·苏勒坛[1]可汗，迎战于萨嘎哩·塔尔巴嘎台之地。当时有苏尼特的吉鲁根·巴特尔、忙古特的忽余勒达尔先锋二人打头阵，攻杀扎里勒敦·苏勒坛可汗，收服了五部沙拉·萨尔塔古勒国。

岁在丙辰，（成吉思汗）三十五岁时，进兵托克玛克国。托克玛克的梦古力克·苏勒坛可汗[2]，迎战于博克达图·哈苏鲁克之地。当时有

[1] 扎里勒敦·苏勒坛：本名“扎拉里·哀丁”，也称“扎兰丁”。为花剌子模国主阿拉瓦丁·玛哈穆之子，后来的苏勒坛。

[2] 梦古力克·苏勒坛可汗：汉文作“蒙古力克”。为《蒙古秘史》的“罕·篾力克”。

◆ 骑兵作战图 ◆

珠尔奇特的苏布格台·巴特尔[1]、珠尔很的楚勒格台·巴特尔[2]二人打头阵，攻杀梦古力克·苏勒坛可汗，收服了托克玛克国。

岁在戊午，（成吉思汗）三十七岁时，遣使致客烈亦惕部的王可汗：

“昔日娶我孛儿帖·珠辛·也克哈屯之时，

曾献衣着之首貂皮端罩，

称您为额赤格[3]。

而今合一政令，

为父子而相亲吧！”

王可汗不信，率客烈亦惕[4]部众来攻。遂迎战于斡难河之末——呼

[1] 苏布格台·巴特尔：人名，《蒙古秘史》称“速别额台”。他是乌梁海部人，这里却说“珠尔奇特”部，误。

[2] 珠尔很的楚勒格台·巴特尔：人名，《蒙古秘史》称“主儿扯歹”。他是兀鲁兀惕部人。这里作“珠尔很”人，误。

[3] 额赤格：蒙古语“父亲”。蒙古古代习俗，称与父亲同辈的人均为“父亲”。

[4] 客烈亦惕：汉文作“克列特”。

伦贝尔之饮水地。当时由卫拉特的都噜勒济太师、乌梁海的者勒篾诺颜、苏尼特的吉鲁根·巴特尔之子都台·彻儿必三人打头阵，王可汗逃跑，遂收服了客烈亦惕部众。

岁在庚申，（成吉思汗）三十九岁时，征伐奈曼的达延可汗[1]。达延可汗率其八部必很[2]以八万大军迎战。双方战于哈嘿儿河[3]上。当时，由乌申[4]的孛罗兀勒诺颜、阿鲁剌特的孛斡儿出之子斡格伦彻儿必、斡勒忽纳惕的忽扎儿太师三人打头阵。逐出达延可汗，收服了奈曼国。

◆ 成吉思汗军队突袭王罕营地 ◆

岁在辛（癸）戌，（成吉思汗）四十一岁时，进兵郭尔罗斯部。郭尔罗斯的纳仁可汗，率其二十万郭尔罗斯，迎战于克哩业·古卜格尔[5]之地。当时由哈萨尔主子、弘吉喇特的瓦奇尔·彻辰、恩古特（汪古惕）的秃德忽·图尔根[6]、巴颜忽特[7]的乌赖·安达[8]四人打头阵，生擒纳仁可汗，收服了郭尔罗斯国。

岁在甲子，（成吉思汗）四十三岁时，哈尔里古特的一位骄横恃强的阿尔斯郎可汗。扬言：

“有一位自称圣主的铁木真者，

---

[1] 奈曼的达延可汗：《蒙古秘史》作“乃蛮部的太阳罕”。

[2] 八部必很：部族名称。汉文作“八部必特根”。

[3] 哈嘿儿河：汉文作“沙吉尔河”。

[4] 乌申：部称。汉文作“乌古新”。

[5] 克哩业·古卜格尔：地名。汉文作“克哩什·库卜克尔”。

[6] 秃德忽·图尔根：人名。汉文作“图库德库驸马”。

[7] 巴颜忽特：部称。汉文作“巴雅固特”。

[8] 乌赖·安达：人名。汉文误作“鄂里·阿克塔”。

兴兵征服彼此诸国。

不一定不来我这里，

自古道男子汉生在家里，

死在野外！”

遂兴兵而来。主上听到这个消息，迎战于哈拉·格忽勒[1]之地。当时由扎赉尔的木华黎[2]诺颜、塔塔尔的锡吉忽秃克、速勒都孙的沉白·达尔罕、郭尔罗斯的万户长彻辰·别乞、扎只拉特[3]的扎木合五人打头阵，杀死阿尔斯郎可汗，收服了哈尔里古特国。

急递铺兵是为传达四方文书而设置的，驿站制度中的特别驿使。它始于北宋，是为应对紧急军事而设立的，起初叫“急脚递”，后称“急递铺”。忽必烈沿用金朝的急递铺职能，签召不能当差的贫民穷户，充当铺兵。铺兵人数不够时，从漏籍户中补差。每铺设置铺兵五人。公文到铺，就像接力赛一样，接着继续前传。同时在急递铺特置的文书上注明到此铺的日期、传递铺兵的姓名，以备查验。急递文书规定每昼夜行四百里。它的传递速度比宋、金时期都要快些。

岁在丙寅，（成吉思汗）四十五岁时，征讨吐蕃特的贡嘎道尔吉[4]可汗。吐蕃特可汗派遣以名叫伊鲁忽的诺颜为首的三百人，贡献众多橐驼，迎接主上于纳钦奈·柴达木之地，奏请愿意归附之意。主上嘉许，大加赏赉其可汗及其使者而遣回之。主上因致书仪于萨迦·察克·鲁扎瓦·阿南达·嘎尔必喇嘛，称：“兹遣还伊鲁忽诺颜，当即请您。但因为我世事尚未完竣，故未请。我从这厢奉您，您从那厢佑护我！”于是，收服格哩三万以下之三地八十八万[5]黑色吐蕃特国。

[1] 哈拉·格忽勒：地名。汉文作“萨喇·格古勒”。

[2] 木华黎：人名。汉文作“蒙古勒诺颜”。

[3] 扎只拉特：部称。汉文误作“瓦齐拉特”。

[4] 贡嘎道尔吉：人名。汉文作“库鲁格多尔济”。

[5] 八十八万：汉文作“八十万”。

◆ 铜鎏金吉祥天母像 ◆

由是，又因此事而进兵额讷特格，抵达齐塔纳楞[1]岭麓时，跑来一个名叫萨茹[2]的顶生独角的野兽，在主上马前三屈其膝而叩首。众皆惊异，主上降旨称："听说你们额讷特格瓦奇尔图之地是自古以来降生佛尊、诸菩萨及诸圣君之处，而今此不能言语的野兽，叩首如人是为何？如果再前进的话是否遇到意想不到的事情？是上天额赤格在制止我吧！"

遂班师回营。

其后，遣使谕萨尔塔克沁的俺巴孩可汗前来上贡归附，俺巴孩可汗不服，拒之称：

"突袭的你，

攻我无警之国。

误认有备之俺巴孩，

[1] 齐塔纳楞：汉文称"齐塔纳凌"或铁门关。

[2] 萨茹：这一传说是中原道教道号长春子的丘处机与成吉思汗的谋士耶律楚材二人谋划出来的计策。萨茹，汉文史籍称"角端"。好多史籍称："成吉思可汗的先锋军遇到叫角端的奇兽之后，向可汗禀报"，并不是成吉思汗亲自遇见。这就是这二位"高人"设计的计策，教先锋军汇报给成吉思汗的谎话，其目的就是撤军回朝。

◆ “海屯田万户”铜印 元代 ◆

家居而骄纵是何意？”

听到这样的回答，主上大怒，降旨称：

“自古道：与其出大言，

莫如吃大口！

我奉天父之命，

曾败十二位强汗，

唯期我国治民安。

如今你出此大言，

唯我天父明鉴之。”

岁在戊午，（成吉思汗）四十七岁时出征。俺巴孩可汗提兵十万，迎战于拜噶勒木仁，大战三日。当时，主上亲自打头阵，与阿鲁剌特部的孛斡儿出·诺颜、扎喇亦儿部的木华黎·诺颜、苏尼特部的吉鲁根·巴特尔、忙忽惕部的忽亦勒答儿·和硕齐等率先冲入，杀得积尸如山，并斩俺巴孩可汗，尽相其属众。

征服萨尔塔克沁大战后，主上博格达为理大国之政，自九位乌尔鲁克[1]以下，凡是效力的人，分其功劳的大小，依次赐予大赏，命为百户、

[1] 乌尔鲁克：蒙古语，起初称“元帅”，后来是称“大臣”。

千户、万户。遂赏赉广大人众，而未言及孛斡儿出诺颜。是夜，主上命僮仆伯勤守卫而入宫休息。孛儿帖·珠辛·彻辰·苏岱太后进言说：

“当您在穷困之际，

相逢而成为挚友。

为成就您的伟业，

不惜性命的是他。

身为人之君的您，

广施恩泽于大众，

为何忘掉杰出的功臣孛斡儿出了？”

主上说：“我并不是忘掉了他，而是想让那些嫉妒者们知道孛斡儿出的品德。僮仆伯勤你前去藏在他的寝室，窃听他说什么。他不会怨恨我，肯定在家里说我的好话！”（主上）遂遣僮仆伯勤去孛斡儿出的寝室，则听到他的妻子特古斯根·高娃说：

“得遇于未成业之前，

辅弼其所有的政事。

成就其所有的事业，

效力多于其他诸人。

忘却生身的父与母，

抛弃怀抱的妻和子。

为本主效全部力量，

才能得到日后幸福。

而今圣主恩泽属众，

均封主千户或万户。

唯未提你孛斡儿出，

为孛儿只斤效力者

应以你为戒了吧！”

吐鲁番发现的蒙古文文书

1902年至1914年，德国柏林民族博物馆以及后来的普鲁士科学院吐鲁番委员会先后组织了四次考察队前往新疆吐鲁番地区进行考古挖掘得到大量蒙古文文献。通过四次考察挖掘共获得105张蒙古文文稿，其中大部分是元明时期的文书。这些文书对研究河中地区察合台汗国的政治、经济、文化和风土人情等方面具有重要史料价值。相关研究文献有德国艾里希·海涅什（Erich Haenisch）《柏林吐鲁番文集》（1959年），蒙古国策仁索德纳木（D. Cerensodnom），德国陶贝（M.Taube）《柏林吐鲁番文集中的蒙文文献》（1993年）。

孛斡儿出回答说：

“不贪多得圣主的恩赐，但图冲锋为主上效力。

不争多得圣主的俸禄，但图永远为朋友效力。

你们妇道人家头发长，见识短，所见者不够深。

唯愿我主上金统永固，唯愿其玉宇大国太平。

如今我虽未得到赏赉，我后代必会得到恩泽。

何须急躁而出怨言啊？更当奋勉而效力为是。

主上是为了试探我呢，如何能够忘掉我个人？

圣主心中必别有深意。”

僮仆伯勤回到主上身边，报告了窃听到的一切。主上说：“我不是说过吗！以前他效力于别人之前，如今则受委屈而不显露不满之词。一般爱嫉妒的人如何能与他相比呢？明天将孛斡儿出的这些品德宣告于众臣，大加赏赉他！”翌日，等大家集聚之后，主上降旨道：“昨天我施恩于你们大家之时，却忘记了孛斡儿出。因此，孛儿帖·珠辛哈屯责怪我。当时，有僮仆路过其家，听到孛斡儿出与特古斯根·高娃二人的谈话而告诉了我。”遂尽述孛斡儿出夫妻二人的谈话，并且降旨：“至令破敝其皮撒袋而扔出善言的孛斡儿出，值乱世而诚信相交并不悔心的孛斡儿出，至令破败其毛皮撒袋而多劳相从的孛斡儿出，值征战而舍死相从。未惜性命的孛斡儿出。因此，我的九位乌尔鲁克为首的诸

◆ 孛斡儿出 ◆

诺颜、大臣不可对他怀有嫉妒之心。如果不重赏如此效力的人，则不足以鼓励后世效力的人。唯因孛斡儿出先遇我而效力尤多，兹所以重赏的理由。”群臣齐声道：“主上重赏不如他的人，而未提及孛斡儿出诺颜之时，我们都以为我们英明的主上定有别的想法。原来是这个意思，我们怎敢嫉妒他呢？这也就是爱护我们大家的事情嘛！”

◆ 五体文夜巡牌　元代 ◆

于是，主上降旨道：

“保护我国内玉宇大朝，

征服我外部五色人众。

收藏我宏声之军号者，

统领九部的孛斡儿出诺颜。”

封其妻子特古斯根•高娃哈屯为太夫人之号；封孛斡儿出为九部之长，九位乌尔鲁克之首。

由是主上降旨道：

“奉我上界玉皇天父之命，

收服地上十二位强逆可汗。

令暴乱横行的诸小汗归正，

辛劳开辟了我大国之疆域，

世事已大略就绪，而今聊可息养我身心了！

遂自戊辰纪年至丙戌年之十九年间，休养生息，

治理其大国之政，

奠定其玉宇之基，

俾得手有所置，

足有所踏，

安居乐业，

致大国于康乐之中。

可汗与庶民大众，

共享如天堂之福。”

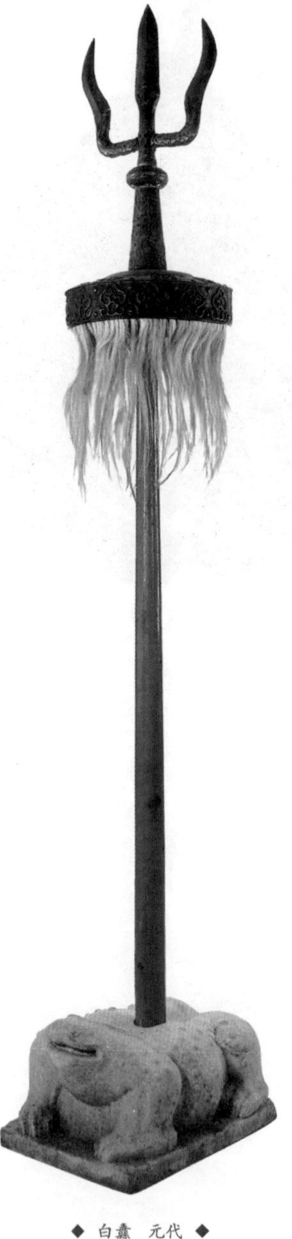

◆ 白纛 元代 ◆

其后，主上降旨道：“一则先曾有过设誓，一则而今独有唐古特国尚未降服。”因闻锡都尔古可汗有一黑喙长毛黄狗，能晓预兆，圣主乃树其九斿白纛，行兵三年，且行且营之。其狗之吠，声若平善，则无敌；吠若号嗰，则有敌。因已知主上将行兵，已号嗰三年。而（锡都尔古可汗）以为我这只狗已经老了，不能预示征兆了，遂安居不曾警惕。[1]岁在丁亥，三月十八日，启程征讨唐古特国。在杭爱罕山狩猎之时，主上预知而降旨道：“在这次狩猎中，将有一只惨白色鹿、一只苍色狼被围，则当放生，不可杀之！将有一个骑青马的黑人被围，则必须生擒过来！”遂遵旨纵被围的苍狼和惨白色鹿二者，执彼黑人，送到主上面前。主上问：“你的主人是谁？为什么而来？”他回答说：

[1] 因锡都尔古可汗……不曾警惕，据汉文版补充。

“我是锡都尔古可汗的人，是锡都尔古可汗派遣我做侦探的。我是全唐古特莫比之一，被称‘善攻者黑野豕’[1]者，可到了我的黑首殆落之时？眼看着已束手就擒了。我骑的是有足者莫追及的善走的钢足青马呀！可到了其四蹄殆拳跼之时？竟未能动转而就擒了。”

主上降旨道：“他可谓真英雄啊！”遂未杀。他又问道：“听说你们的可汗有神通，究竟有什么变化？”回答说：“我的可汗清晨则化作黑花蛇，日中则化为斑斓虎，夜晚则化作淡黄色童子。他是个不可擒的人。”

由此，在行军途中，僮仆伯勤对主上奏：“您的弟弟哈萨尔在宴席间，曾握忽兰哈屯的手。”

于是，主上遣僮仆伯勤，向哈萨尔索取皂翎。（哈萨尔）说：“虽为天下共同的主子，取皂翎则不如我！”遂把皂翎交给了僮仆伯勤。（僮仆伯勤）说：“这皂翎被虫蛀了！”而没有拿走。适见宾鸿飞过，（哈萨尔）问僮仆伯勤：“自为首者，当射第几？”回答说：“射其黑黄之间。”遂射断其喙而杀之，并交给了僮仆伯勤。他说：“理当献给可汗以皂之翎，这可不是皂，而是一只宾鸿。且已被血污染了。”又不受而还。[2]

◆ 成吉思汗狩猎图 ◆

主上见穆纳罕（山），而降旨：

“将亡之国可以寨之，

太平之国可以营之，

[1] 善攻者黑野豕：蒙古语“哈毒辣克奇·哈喇·布通”。汉文注释为“神行太保”。

[2] 僮仆伯勤对主上……不受而还：此句根据汉文版补充。

饥饿之鹿可以果腹，

老耄之人可以息止之地。”

正言间，忽见一只猫头鹰栖于树梢而鸣，主上心疑，降旨说：“哈萨尔！射死这只恶物！”哈萨尔即射之，则猫头鹰飞去，一只喜鹊而被射杀。于是，主上指责道：“以前，你伙同七个晃豁坛离我而去。今日，索皂翎时吝惜而不给。如今，令你射杀猫头鹰，则反杀这报喜的喜鹊！”而命逮捕哈萨尔，令四个人守候他。

于是，乌尔鲁克诺颜上奏：

“窃闻，善者常被恶者侵，

上德常因下行损。

这报喜的喜鹊，

为猫头鹰所害。

愿主上释放御弟哈萨尔。”

主上欲释放哈萨尔，但想起以前有人进的谗言而没有释放。

于是，到唐古特围图尔莫黑城三重而攻之。当时，咒者是名叫哈喇刚嘎的老妪，登上城楼，摇动黑旗而咒之。则（蒙古的）人马成群倒毙于阵地上。速别额台・巴特尔奏报于主上：“我大军人马将损失殆尽，今可以放出哈萨尔，令他试射，怎么样？”主上准奏，把自己的飞翼黄骠马交给哈萨尔乘骑，来试射之。哈萨尔主子射裂那个老妪的膝盖眼而杀死了她。

于是，锡都尔古可汗化为蛇，则主上化为飞禽之王鲲鹏；及其化为虎，则主上化为兽中之王狮子；及其化为童子，则主上化为玉皇大帝；锡都尔古可汗遂势穷而被擒。锡都尔古可汗说：“杀我则害及你自身，赦我则害及你后人。”主上说：“不怕你害及我自身，有益于我后人就可以了！”人们射他、砍他、埋他都不能伤他。锡都尔古可汗称：“你们用任何刃器都不能伤及我，唯用我靴底所藏的三折叠卷密萨哩钢刀方可。”取出

那把刀时，锡都尔古可汗又称：“如今你们杀我，我身子如果出乳，则害及你自身；如果出血，则害及你后人。还有，你如果娶我古尔伯勒津·高娃，当细细搜检其全身！”于是，人们用那把密萨哩钢刀断其颈杀了他，他的脖颈出了乳。既如此杀锡都尔古可汗，纳其古尔伯勒津·高娃哈屯，并收服叫密纳克的唐古特国，共议欲往阿勒泰山之阳、哈喇·木仁河畔避暑。那时，大家都为古尔伯勒津·高娃哈屯的艳丽而惊讶。古尔伯勒

◆ 石雕狮子　元代 ◆

津·高娃对主上说：“我以前的容貌比现在更美丽。如今，因为被你们大军的战尘所蔽而减退了许多。如果在水里沐浴啊，可能恢复原先的容光。”（主上）道：“如果是那样的话，你自己去沐浴吧！”

◆ 铁战刀 元代 ◆

古尔伯勒津·高娃哈屯遂欲往哈喇·木仁河畔沐浴。既到那里，其父家所养的一只鸟，飞翔在其上空。她抓住那只鸟，对（随从们）说：“你们在这里等我，我一个人去沐浴。”遂离开随从，作书信一封称：

我将投此哈喇·木仁河而死，不要顺流寻找我的尸体，当溯水而寻找吧！

写完信，将其系于鸟颈而纵去。沐浴完毕归来，她果然焕发出了原有的美艳。

当夜里入寝之后，遂伤主上，金体不预。古尔伯勒津·高娃哈屯趁机逃了出去，投哈喇·木仁河而死去。从此至今，遐迩皆称哈喇·木仁河为哈屯·额克。[1]

[1] 此说不符历史事实。“哈屯河”之称来源于汉语“河套”河。因为河套地区的汉语方言读“河”为“ha”。所以，后来蒙古人随其音译称“哈套高勒”演变成“哈屯高勒”：哈屯河。

其后，居乞塔特地伊尔该城[1]的父亲敖氏彻辰·占津[2]，依其女儿所言，寻其尸骨而未获，仅得其镶珠袜一只。其父让每人各添掷一锹土葬之，遂称为得铁之丘。[3]

由是，主上伤重，沉疴弥留之机，降旨道：

“我原配孛儿帖·珠辛·彻辰哈屯，

我宠幸的忽兰、也速、也速黑[4]三人，

我俊杰良友孛斡儿出诺颜，

我相济效力的九乌尔鲁克，

我坚若铁石的四位弟弟，

我俊若良骥的四个儿子，

我如铜卮的众官诸诺颜，

我如充盈府库的广大民众，

我的玉宇大朝，

我诸后妃子孙，

我的仆从人众，

我可爱的故土！”

◆ 成吉思汗向伟大的长生天长时间祈祷，请求佑助 ◆

说罢，昏厥。那时有苏尼特的吉鲁根·巴特尔上奏：

“您爱敬的孛儿帖·珠辛·哈屯将死呀！

您所创建的玉宇大朝将乱呀！

您弟哈萨尔、别勒古台将忧别呀！

您的大国属众将离散分裂呀！

您原配孛儿帖·珠辛·哈屯将死呀！

您完善的朝政将瓦解呀！

[1] 伊尔该城：即如今宁夏的银川城。

[2] 敖氏彻辰·占津：汉文称“赵氏沙克扎旺节”。

[3] 得铁之丘：汉文称“铁丘之岗”。

[4] 也遂、也速黑：汉文作“济苏、济苏凯”。

您窝阔台、拖雷二子将为遗孤呀！

您所劳置的属众将损减呀！

您所相中的孛儿帖·珠辛·哈屯将死呀！

您弟斡赤斤[1]、哈齐斤[2]将忧别呀！

您所聚拢的属众将离散分裂呀！

您的宰首孛斡儿出、木华黎[3]痛悼呀！

至彼杭爱山之阴，

您的后妃御裔及群臣痛哭而迎接呀！

将问自己的君主可汗已何往？

愿我主上赐恩而回顾！”

听到这些，主上坐起而降旨道：

“与我遗孀之孛儿帖·珠辛·哈屯，

与我遗孤之窝阔台、拖雷二子，

当勉以忠诚之心而效力之，

当永无反悔之心而辅佐之。

若夫玉石之无皮也，

若夫纯铁之无胶也，

惜乎人生之无常也，

当怀坚贞无悔之心以勉之。

事所尚者克成其业也，

人所重者践言之诚也，

当小心行事以和人众，

◆ 1226年，成吉思汗率大军出征西夏。路经鄂尔多斯，他的马鞭突然掉地。大叹这里的景色，并说死后愿葬于此地 ◆

[1] 斡赤斤：《蒙古秘史》称“斡惕赤斤”。

[2] 哈齐斤：《蒙古秘史》称“哈赤温”，而此时此人已故多年。

[3] 木华黎：木华黎于1223年征金战场上病逝，此时已不在人世。

噫！我此身将辞此世矣！[1]

忽必烈儿出言不凡啊，

大家当遵其言而行之；

日后可望彼能如我在时，

必致天下于安乐之境。”

说罢，岁在丁亥，年六十六岁之七月十二日，于图尔莫黑城[2]升遐。

于是，奉其金柩辇舆，凡所属大众人等号啕而行时，苏尼特的吉鲁根巴特尔献颂辞：

“我的主子，您像鹰隼般翱翔而去了！

我的主子，您像车轮般奔驰而去了！

我的主子，您真的遗弃妻孥而去了！

我的主子，您真的遗弃众庶而去了！

我的主子，您像鸦鹘般飞翔而去了！

我的主子，您像浮萍般漂流而去了！

我的主子，您在世上生活六十六岁，

为九色大国铸造了安乐而去了！”

如此赞颂而行，到穆纳（山）冈的时候，车轮陷嵌，挺然不动了。遂以五色人众之马驾而挽之，也难以移动。所有人众正在忧愁的时候，苏尼特的吉鲁根巴特尔上前奏道：

“奉长生天之命降生的您，

人中之狮圣主天之骄子。

既弃您普天下大国之众，

您向往超生的上界之处。

您所际遇的原配夫人，

[1] “若夫玉石……辞此世矣”：此句据汉文版补充。

[2] 图尔莫黑：地名。汉文称“灵州城”。

您所创建的国家大统。

您所治理的人间朝政，

您所经营的属民在彼。

您所亲昵的原配夫人，

您所居住的金阙宫殿，

您所经营的清平国朝，

您所聚拢的黎民在彼。

您所生身的沐浴之水，

您所属辖的蒙古大众，

您所统驭的诺颜大臣，

您所生之地斡难河的迭力温・孛勒达黑在彼。

您所制枣骝马鬃之苏力德，

您所用的战鼓画角等，

您所兴建的金阙宫殿，

您所即位之克鲁伦河的阔迭额・阿兰勒在彼。

您所先遇的孛儿帖・珠辛・彻辰哈屯，

◆ 蒙古军将成吉思汗的遗体运回草原。全体蒙古人以最隆重的方式祭祀这位伟人。成吉思汗葬地成为千古之谜 ◆

◆ 成吉思汗陵园 ◆

您所居住的不而罕吐山吉祥之地，

您所摯交的孛斡儿出、木华黎二人，

您所置备的典章制度在彼。

您所神会的忽兰哈屯夫人，

您所欣赏的胡尔、绰尔[1]诸乐器，

您所宠爱的也遂、也速干二哈屯，

您所统驭天下的金阙宫殿在彼。

您怎么能以哈儿固纳山为温暖，

您怎么能以唐古特国为人多，

[1] 胡尔、绰尔：乐器名。汉译为四胡、马头琴。

您怎么能以古尔伯勒津哈屯为美，

您怎么能忘却自己古老的蒙古国呢？

虽未能保全主上您金贵的性命，

但要奉送您如珍宝的圣躯，

让您原配孛儿帖·珠辛瞻视，

慰藉您普国大众之所望！”

奏毕，辇舆辚辚而动，群臣属下欢欣，送灵柩于也克·嘎吉尔。[1]

于是，以诸后妃、诸皇子为首，均极号啕致哀。因不能请出其金身，遂造永恒的陵寝，并建普天下奉戴的八白室。葬主上的金身于阿勒泰山之阴，肯特山之阳的也克·斡图克之地。如是即终，遐迩咸称：苏图博格达·大命·成吉思汗。

（成吉思汗）子察哈台、拙赤、窝阔台、拖雷以及彻彻肯公主共五人。

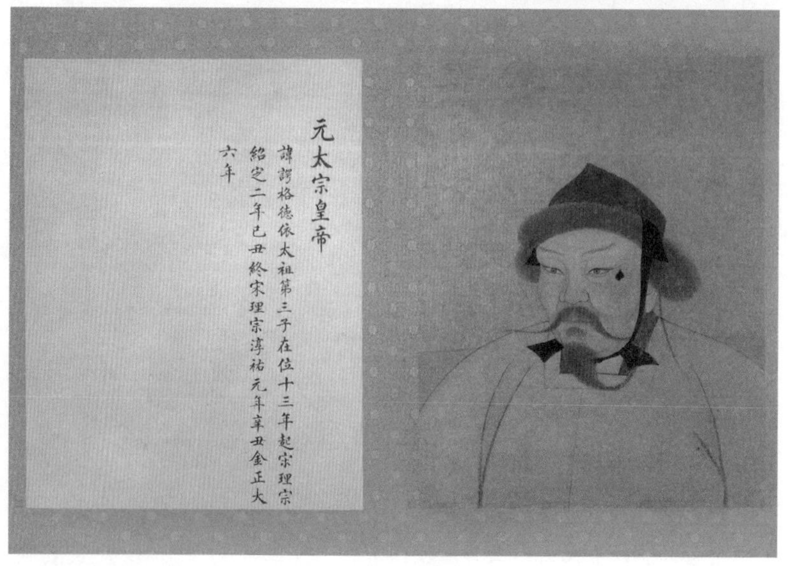

◆ 元太宗窝阔台画像 ◆

[1] 也克·嘎吉尔：汉译为大葬之地。

主上在世之时，长子察哈台[1]为萨尔塔古勒之可汗；次子拙赤[2]为托克玛克之可汗；三子窝阔台守其可汗位；幼子拖雷守家业，而于可汗（窝阔台）在世时已薨。

◆ 灰陶菩萨像 辽代 ◆

窝阔台可汗于丁未年生，岁在戊子，年四十二岁即可汗位。欲请萨迦·拉克巴·札木散[3]而耽延。逾六年，岁在四十七岁崩。[4]

其子古余克[5]、阔端[6]二人。长子古余克乙丑年生，岁在癸巳，年二十九岁即可汗位，逾六个月，即于是年崩。[7]

其弟阔端丙寅年生，岁在甲午，年二十九岁即可汗位。[8]岁在乙未，因患龙君作祟之症，无人能治愈。共议："听说西域蒙克地方，有一位具备五蕴，大有奇术的叫萨迦·贡嘎·扎拉散[9]的人，如果请他来，则一定能治愈。"遂遣委玛忽特的多尔达·达尔罕为首的使者去请他。

[1] 长子察哈台：误，应该为成吉思汗次子。

[2] 次子拙赤：误，应该为成吉思汗长子。

[3] 萨迦·拉克巴·札木散：汉文作"萨迦·托克巴·嘉木灿"。

[4] 窝阔台可汗自1229年至1241年执政，在位13年。此处记载有误。

[5] 古余克：《蒙古秘史》作"贵由"。

[6] 阔端：汉文音译作"库坦"。

[7] 古余克可汗自1246年至1248年执政，在位3年。此处记载有误。

[8] 阔端未即可汗位，此处记载是根据青海史学家松巴汗布·益西班觉之书而出的错。

[9] 萨迦·贡嘎·扎拉散：汉文作"萨斯嘉·恭噶·扎勒灿"或"萨班"。

那位萨迦·贡嘎·扎拉散，自前戊子纪年以来三千三百七十五年，岁在辛（壬）寅年生。岁在戊辰，年二十七岁时，赴额讷特格，与异端之六师辩难论驳，获班第达之号归来后，其叔拉克巴·扎拉散[1]曾经预知而告诉他说："此后有一时，自东方有帽子像栖鹰，靴尖如猪鼻，房子像木网，凡三四语后每发'额赤格·彦'之音的蒙古国主，菩提萨都瓦之化身阔端可汗，遣名叫多尔达的使者前来请你，届时你必须前往，则你的宗教能在那里得到大的发展。"（萨迦·贡嘎·扎拉散）这才想起（叔父的预言）而自省："所言今已应验啊！"岁在甲辰，年六十三岁时启程。岁在丁未，年六十六岁时，谒见可汗，遂塑狮吼观世音菩萨像，收服龙君，并授可汗以该项灌顶，做佛事之故，可汗的病情即时痊愈，众皆欢欣。

◆ 元世祖忽必烈 ◆

其后，一遵萨迦·班第达之旨，首先传播宗教于边远的蒙古。岁在辛亥，萨迦·班第达年七十岁时，得涅槃之道。阔端可汗在位十八年，亦于此辛亥年崩，享年四十六岁。福田喇嘛与施主可汗二人，同年逝于膜拜之地。

拖雷主子的（哈屯）苏儿合黑塔尼·别乞太后生蒙哥[2]、忽必烈、旭烈兀[3]、阿里布哥[4]四子。

---

[1] 拉克巴·扎拉散：汉文音译作"扎克巴·扎勒灿"。

[2] 蒙哥：汉文作"蒙克"。

[3] 旭烈兀：汉文作"额哩克"。

[4] 阿里布哥：汉文作"布克"。

长子蒙哥，（丁）卯年生，岁在辛（壬）子，年四十六岁即可汗位，在位八年，岁在己未，年五十四岁崩。

其弟忽必烈彻辰可汗，己（乙）亥年生，岁在庚申，年四十六岁即可汗位，岁在甲子，自年五十岁开始，至辛未年的凡八年间，夏则避暑于开平·库尔顿城[1]，冬则盘踞于也克大都城，并有阿勒泰山之阴的阿鲁伦·察罕·巴拉哈孙[2]，额尔楚吉的朗亭城，共建四大都城。治理大国之众，平定四大朝政，勿扰四方之国、八面之邻。致天下以井然，俾众庶均安乐。

成吉思汗石：公元19世纪初，俄罗斯考古学者在今中俄界河——内蒙古呼伦贝尔市额尔古纳河西岸的俄罗斯吉尔吉拉古城(又称移相哥宫殿)，发现了记录移相哥远射之事的石碑，碑文为回鹘蒙古文，汉译为：“成吉思汗讨掳萨尔塔兀拉人还师，大蒙古国全体那颜聚会于不哈只忽之际，移相哥射，矢中三百三十五度远。”它是现存最早的回鹘蒙古文碑，现存于圣彼得堡美术博物馆。

萨迦·班第达的侄子，名叫马迪·都瓦咱，生于乙未。岁在丁未，年十三岁时，跟随叔父一起来（到蒙古）。岁在甲子，年三十岁时，呼图克图·忽必烈·彻辰可汗的呼必勒汗哈屯察必[3]奏于可汗称：“这位马迪·都瓦咱是个上尊喇嘛，我们受威德喜金刚之灌顶吧！”可汗虽然认为哈屯说得在理，但说：“我怎么能坐在那个小孩子之下呢？如果我坐在桌上，那小孩子坐在下首而灌顶的话还可以。如果不答应的话，我怎么能受其灌顶呢？”于是，哈屯去见马迪·都瓦咱，转告可汗的意思。马迪·都瓦咱说：“自古以来，修行灌顶之道有二乘：一为入金刚乘门，二为修解脱之道。我是得菩提之道者，为金刚救世显化的大德喇嘛。我怎么能坐在可汗之下呢？”二人相持不服。为此，察必哈屯心中忧愁。最后，哈屯建议：“当传经授

---

[1] 开平·库尔顿城：汉文作“开平轮城”或“上都”。

[2] 阿鲁伦·察罕·巴拉哈孙：汉文作“察罕城”。

[3] 察必：有作“婵贝”“秦贝”“扯波尔”等多种，这里采纳《元史》的写法。

◆ 刺绣密集金刚像 刺绣 ◆

灌顶之时，喇嘛居上座，可汗居下座；当施行朝政之时，喇嘛可汗二人平居上座如何？”则二人皆以为可以，说：“这样完全可以！”

于是，可汗降旨称：“明天，我和马迪·都瓦咱二人，要试演《威德喜金刚传》之本义！”翌日，二人相互答辩，则可汗所问之言，马迪·都瓦咱一无所知。马迪·都瓦咱心中郁闷，说声“明天继续”而回去了。

原来，萨迦·班第达所持的《喜金刚传》之经卷，在可汗手中，马迪·都瓦咱未曾见到过。

当天夜里，马迪·都瓦咱郁闷而失眠，倏然困倦，忽见一位形似婆罗门、白发苍苍、髻间插人骨画角的老者近前而来，说："唉！我儿不必忧愁！赶快点一盏灯等待！"说罢，不见了。不一会儿，老者持一本书进来说："速阅此书，铭记在心，黎明前我把此书放回原处。"说罢，又不见了。于是，年轻的喇嘛马迪·都瓦咱读其经文三遍而牢记之。黎明，那位老者再次进来说："你读完了的话，把书还回原处吧！"又说："唉！我儿你昨天因（心中）奉我喇嘛于南天，面向而论，因此败了。今天应当（心中）奉我喇嘛于顶上，背向而争之，那位大可汗就辩论不过你。顶礼喇嘛时，面向（而思之），当争辩的时候，背向而思之。"说罢，不见了。原来，这位是《威德萨迦父子本源经》的护法，威德玛哈噶喇之神，以神通之法前往可汗处盗来《威德喜金刚传》。

匠户：元朝诸色户计的一种，匠户的来源有二：一是蒙古在长期征伐过程中虏获来的工匠及被抑逼充当工匠的俘虏；二是从民间签发来的手工工匠和并非工匠的普通百姓。匠户在户籍上自成一类，必须在官府的手工业局、院中服役，从事营造、纺织、军器、工艺品等各种手工业生产，由各院、局直接管理。不允许他们随意脱籍，必须世代相袭，承当指定的工役。

次日，争辩时，大可汗遂不能敌马迪·都瓦咱了。于是，可汗甚为敬佩，而受威德金刚通慧之四灌顶，封以吐蕃特语"玛克苏木·确吉·扎勒布喇嘛·帕克巴"[1]汉语"三省大王国师"，蒙古语译则谓"古日本·噶札特·特乞·诺们可汗·乌勒穆吉喇嘛"[2]之号。以察必哈屯的父亲、

[1] 玛克苏木·确吉·扎勒布喇嘛·帕克巴：汉文音译作"喀木苏木·却吉·嘉勒布·喇嘛·帕克巴"。

[2] 古日本·噶札特·特乞·诺们可汗·乌勒穆吉喇嘛：汉文音译作"古尔班·噶札特·达乞·诺门可汗·乌勒穆吉喇嘛"。

篾儿乞惕的苏尔哈图·玛尔哈咱[1]所献，如驼羔粪那么大的无孔珍珠，置于百两精金坛上；以金制须弥山、四大部洲、日月、七珍八供，置于千两精银坛上；又献金银琉璃等诸宝，绫缎锦绣等币帛，象马骆驼等诸畜无数。并于西里木吉城[2]，贡献有功地方的人众。

由是，蒙昧的蒙古地升起宗教的阳光。自额讷特格请来佛像、佛骨、由四玛哈冉咱所献的钵盂、旃檀佛像等。以行十善福事之政，平定四海，致天下以安乐之境。故天下咸称转千金法轮之咱噶喇瓦尔迪·彻辰可汗，在位三十六年，岁在庚申，年八十二岁崩。

◆ 蒙古贵族出行图 ◆

咱噶喇瓦尔迪·彻辰可汗的美貌哈屯察必所生多尔吉、莽噶喇、青吉木、诺木罕四子，并有一公主其其根[3]。

之前，岁在庚辰，彻辰可汗六十六岁时，帕克巴喇嘛四十六岁，将归时，可汗降旨说：“我四子之中，谁人送我这位神圣喇嘛，则他可以继承我的可汗之位。”其长子和次子说：“我们不愿去。”三子青吉木台吉说：“为报父亲的恩情，我愿意去！”遂送帕克巴喇嘛入吐蕃特，而薨于蒙克地方。于是，（彻辰可汗）称：“我曾有旨在先。”其可汗祖父亲自查考青吉木台吉的三个儿子噶玛拉、达尔玛巴拉、乌勒哲图，称：“这个乌勒哲图能当政！”岁在甲午，年八十岁，令乌勒哲图即其可汗

[1] 篾儿乞惕的苏尔哈图·玛尔哈咱：汉文作“墨尔格特的苏尔哈图·玛尔噶察”，这个记载误，察必哈屯的娘家是弘吉剌部。

[2] 西里木吉城：汉文作“锡剌木齐诚”。

[3] 其其根：汉文作“其其克”。

之位。

这位乌勒哲图可汗乙丑年生，岁在甲午，年三十岁即可汗位。等其祖父升遐后，自丁酉年开始亲政，奉名叫萨迦·满珠·古哈雅·拉德纳·乞都[1]的喇嘛为师。一遵旧制，整修二政，以四大朝政治理大国于太平，亲政十一年，岁在丁未，年四十三岁崩。

嗣达尔玛巴拉之子忽鲁克可汗[2]，辛巳年生，岁在戊寅（申）[3]，年二十八岁即可汗位，奉名叫托音确吉·敖特斯尔·诺们·格日勒[4]的克勒木耳齐[5]为师，翻译经咒之大半，以二政抚天下之众。他在位四年，岁在辛亥，年三十一岁崩。

其弟布彦图可汗，癸卯年生，岁在壬子，年二十八岁即可汗位，奉名叫萨迦·也克·额占·锡哩·巴达[6]的喇嘛为师，亦遵旧制，致玉宇

[1] 萨迦·满珠·古哈雅·拉德纳·乞都：汉文作“萨斯嘉·满珠郭哈雅·喇达纳·格都喇嘛”。

[2] 忽鲁克可汗：汉文作“库鲁克可汗”。

[3] 岁在戊寅：汉文作“岁在戊申”。

[4] 托音确吉·敖特斯尔·诺们·格日勒：汉文作“却吉·鄂特色尔罗咱瓦僧”。

[5] 克勒木耳齐：蒙古语，意思是译师。

[6] 萨迦·也克·额占·锡哩·巴达：汉文音译作“萨斯嘉·锡哩·巴达”。

十三翼之战：蒙古乞颜部首领铁木真与札答阑部首领札木合之间的一次战役。因铁木真将自己所属三万人分为十三翼迎战札木合而得名。12世纪末，在铁木真的率领下，蒙古乞颜部迅速发展壮大，逐渐引起札答阑部首领札木合的不满。札木合因部族人掠夺铁木真马匹被射杀，于是联合泰赤兀等十三部共三万人进攻铁木真。亦乞列思部的孛秃向铁木真报告了这一军情，铁木真集合麾下十三翼军迎敌，战于答兰版朱思之野（今蒙古国温都尔汗西北一带），此次战事约在金明昌年间。根据《元朝秘史》记载，此战结果是铁木真失利，退避于斡难河（今鄂嫩河）上源狭地，札木合亦领军还本部。其他文献均记载铁木真获胜，并击退了札木合的军队。文献记载，此次战役中铁木真虽然失利，但由于札木合残杀俘虏，引起部下不满，导致许多部下都归附了铁木真，反而增强了他的实力。

于太平。他在位九年，岁在庚申，二十六岁[1]崩。

其子格根可汗，癸卯年生，岁在辛酉，年十岁[2]即可汗位。奉名叫萨迦·博达锡哩[3]的喇嘛为师，以政教二道致天下于安乐，驱杀唐古特的青桑诺颜，平定密纳克国人。在位三年，岁在癸亥，年二十一岁崩。

其后，噶玛拉之子也孙铁木儿[4]可汗，癸巳年生，岁在甲子，年三十二岁即可汗位。命萨迦·布尼雅·巴达喇嘛及蒙古译师锡哩卜·僧格二人，翻译前所未译的诸经，在位五年，岁在戊辰，年三十六岁崩。

忽鲁克可汗之子拉察巴克[5]可汗，庚子年生，岁在己巳，年三十岁即可汗位，在位四十天，即于此己巳年崩。

其弟忽斯勒[6]可汗，己巳年生，岁在己巳，年二十五岁即可汗位。在位一个月零二十天，即于此己巳年崩。

◆ 阿难达像 ◆

[1] 二十六岁：汉文作“三十六岁”。

[2] 年十岁：汉文作“年十九岁”。

[3] 萨迦·博达锡哩：汉文音译作“萨斯嘉·布特达·锡哩”。

[4] 也孙铁木儿：汉文音译作“也逊帖木尔”。

[5] 拉察巴克：汉文音译作“喇察必纳”。

[6] 忽斯勒：汉文音译作“库色勒”。

◆ 三兽举篮花押铜印（底部）◆

其后，布彦图可汗之子吉雅嘎图[1]可汗，甲辰年生，岁在己巳，年二十六岁即可汗位。奉名叫萨迦·阿南达·巴达格热的喇嘛为顶上花，以释迦牟尼佛尊为首，广施金银珠宝于西方，敬奉实胜之教，修明政教二道，在位四年，岁在辛（壬）申，年二十九岁崩。

忽斯勒可汗之子仁钦巴拉[2]可汗，丙寅年生，岁在辛（壬）申，年七岁即可汗位。在位一个月而崩。

吉雅嘎图可汗之子妥懽帖牡尔·乌哈干图可汗[3]，戊午年生，岁在癸酉，年十六岁即可汗位。奉萨迦·阿南达·马迪喇嘛为师，一遵旧制，平行政教二道而安居。岁在甲申，汉人朱氏名叫巨翁的家里，生子朱葛时，其家升出五彩霓虹。当时，阿鲁剌特部孛斡儿出诺颜之后、拉哈之子伊拉忽丞相，上奏可汗称：

“凡人出生之时哪有这种征兆？

◆ 三兽举篮花押铜印 ◆

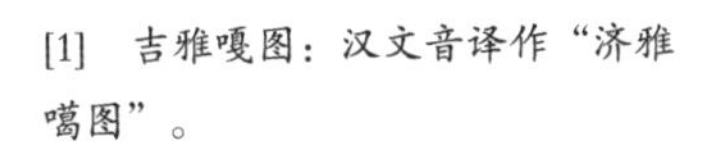

[1] 吉雅嘎图：汉文音译作“济雅噶图”。

[2] 仁钦巴拉：汉文音译作“仁沁巴勒”。

[3] 妥懽帖牡尔·乌哈干图可汗：汉文音译作“托欢帖木尔·乌哈噶图可汗”。

◆ 系链水晶杯　辽代 ◆

此乃别种之人当乘其年幼时弃之！”

可汗不听，未杀。伊拉忽丞相又奏：

“今不听我所说的话，

终将危及您黔首！

此子成长后，

恐祸患丛生啊！”

之后，其子长大成人，可汗见其聪慧机智，心中甚爱之。遂降旨：“有托克托噶、哈喇章父子二人，见领我右翼省的大众；朱氏翁之子朱葛、布哈兄弟二人，可领我左翼省的大众。”遂令其统领左翼省。于是，那个朱葛诺颜遂与汉人内侍哈玛平章[1]相交甚密，互为心腹。诺颜通过他向可汗密奏：“托克托噶太师心怀不轨，似有肆行勾结外人之事。”哈玛平章如是常谮浸之。

其间，可汗一夜做梦，梦见一头铁牙公野猪突然闯入城中，肆意攻

[1]　哈玛平章：汉文音译作“洗马平章”。

击众人。众人因无地可躲，左右奔走之间，日月并没。翌日，（可汗）命汉人王参政解梦。对（可汗）说：“这是失去朝政的预兆。”可汗想：“为什么出这样不祥的预言呢？”遂将此事告诉阿鲁剌特的伊拉忽丞相。（伊拉忽丞相）对（可汗）说：“但愿逢凶化吉，以前我没说过吗？这是悉起烽烟之预兆啊！”可汗想：“这个少年知道什么呀？”遂召弘吉喇特部（蔑儿吉惕部）的托克托噶太师来询问他。（托克托噶）太师对（可汗）说：“梦见铁牙猪，是姓朱的人挑起暴乱的预兆；日月并没，是可汗与庶民分不清的兆头。”可汗问：“那怎么才好？”回答说：“此前伊拉忽丞相所言甚是，如今应当依其言杀朱氏。此外并无良策。”可汗想：“这个太师老了，因为我抬举朱葛诺颜之故，他在说坏话！”遂又未杀。

朱葛诺颜听到这些话后，与前所结交的哈玛平章及其他心腹之人等，再三勾结，惹是生非，挑拨离间。托克托噶太师知道后，屡谏可汗。看到可汗不听，他心想：“数谏可汗而不能取信，似此安有好的结果？”遂暗自加强了提防。

由是，朱葛诺颜遣人觇视托克托噶太师。（托克托噶）太师知道其事，预设一计，在门口放一个贮水的盘子，水上放数片松木片，其上放

◆ 彩绘驾鹰木俑　辽代 ◆

◆ 铁蒺藜　元代 ◆

剃刀一把，鬃毛一撮。（朱葛诺颜）差人来到他门口，看见这些之后，那人回去叙述所见到的一切。朱葛诺颜猜知其意，说："其所贮之水，则把本朝比喻成入海般大国；其松木砍片，则比喻海上的船只似可汗、太师、诺颜、宰相等；剃刀和鬃毛，则比喻利胜剃刀、细胜鬃毛的可汗之法度。"之后，暗自想：

"用什么计策消除这个大害呢？

如果不除掉他，

以其能察知一切，

我的计划难以实现啊！"

朱葛诺颜让哈玛平章转奏可汗称："托克托噶太师对可汗心怀恶意，证据确凿啊！请可汗试召他入朝，他肯定不来。据此可以知道。"（可汗）遂遣哈玛平章往召太师。（哈玛平章没到托克托噶太师府邸）半途返回，对（可汗）说："太师不奉召。"可汗道："如果没有疑惑，为什么召之不来？他心怀恶意，确实是事实。"遂遣哈玛平章提兵去杀托克托噶太师。哈玛平章即前去，留其众军于土城，独自往见太师，说：“有旨欲与太师密语。”他悄悄告诉托克托噶太师说：“有人奏可汗，说您大诺颜对可汗心怀恶意。（可汗）未知其虚实，故降旨召太师去商量。”太师虽知其奸谋，但因时运已到，势在必往。又因之前受到可汗的宠信，心存侥幸，遂行。

哈玛平章（对托克托噶太师）说：“我要先行，准备骑乘吧，迟到了怕可汗怪罪。”遂先行到（土城），准备兵马动手。等太师入城，即杀了他。哈玛平章回到可汗处，上奏其事，可汗降旨：“而今左右各省之人众，全部由朱葛诺颜统领，内府之政，则由哈玛平章管领。”

于是，朱葛诺颜上奏：“我承主上如此大的知遇之恩，怎么能闲待在家里呢？若遣微官行事，恐怕使我大众受累。我请求亲自前往科敛国赋。”可汗欣然答应，说：“可以！”

朱葛诺颜一去，三年不返。可汗大怒，对守门的军士等严厉降旨道：“这个朱葛诺颜出去已久，如果他回来，则不准其入城！”

◆ 蒙古族图案 ◆

其后一夜，可汗又梦见一位白发老人进来，气冲冲地指责他说："你抛弃自己守城的狗，如今有恶狼从外地来攻击你。你准备对付它的良策了吗？"说罢，倏忽不见了。可汗暗自想："所谓的'抛弃自己守城的狗'，指的是我杀托克托噶太师之事；所谓的'恶狼从外地来'，指的是朱葛诺颜之事吧？"遂向阿南达·马迪喇嘛询问。喇嘛默然片刻，然后说："昔日，我们顶上之花、至彼了悟的上尊喇嘛博格达萨迦·班第达所著《善言宝藏经》中称：

'以友为敌，则仍有益，

以敌为友，则必有害。'

这个梦就是您抛弃自己守城狗般的托克托噶太师，相信那从外来恶狼似的朱葛诺颜的预兆啊！"可汗问："如今有没有办法挽救呢？"喇嘛回答说："在过去，您的先祖博格达·忽必烈彻辰可汗时期，我尊上法王帕克巴喇嘛曾哭三天。当时，可汗问：'我喇嘛为何如此大哭？'回答说：'可汗啊！我不是为您我二人之世而哭，自我们以下传至九或十世之时，将生一名妥懽的可汗。到那时，将毁掉您我二人的这个政教

◆ 铜炮　元代 ◆

《蒙鞑备录》：南宋赵珙撰，此书原题“宋孟珙撰”，王国维《蒙鞑备录笺证》已辨正。宋宁宗嘉定十四年（1221），赵珙奉淮东制置使贾涉之命，往河北蒙古军前议事，至燕京，见到总领蒙古大军攻金的木华黎国王。他将自己出使期间的见闻著录成书。全书分立国、鞑主始起、国号年号、太子诸王、诸将功臣、任相、军政、马政、粮食、征伐、官制、风俗、军装器械、奉使、祭祀、妇女、燕聚舞乐共17目，为研究当时蒙古国和幽燕一带的历史提供了许多有价值的史料。最早的版本是《说郛》本，1926年刊行的王国维《〈蒙鞑备录〉笺证》是通行诸本中较佳而又易得的本子。

啊！我是为这事而哭的。’可汗惊讶地问：‘啊！我的喇嘛你这么年轻，是怎么知道那么久远的事情啊？’喇嘛回答说：‘我还知道以前在这里，曾经下七天的血雨。’于是，可汗命人查询诸多古籍藏书，在一本书上记载称：古代乞塔特的唐太宗可汗之世，此地曾降血雨七天。当时有额讷特格的杜尔博勒·乌贵[1]师尊之弟算都[2]师尊，其弟子乞塔特的名叫唐彰奘（唐玄奘）的顾师称：‘事情不是在您的这个时代，至您之后十余世之时，您的家族中将生一位唐英格[3]的可汗，则您的国运将告终。这是其预兆。’可汗见其书，敬奉益笃。”可汗问：“如是圣人所预示，而今时运将告终，则谁人能制止呢？”喇嘛说：“唯有礼敬您的上尊喇嘛，信奉三宝，虔诚于自己的护法，可望有益。”由于当时可汗之心，已为心魔作祟。所以，对喇嘛大怒，降旨：“喇嘛！如今你可以回归原地了！”喇嘛大喜称：

“如此，

当今可汗您的金统安然，

玉宇大朝太平安乐之际，

令我回归原地，

非可汗之旨啊，

[1] 杜尔博勒·乌贵：蒙古语，意思是无骚乱、宁静。汉文音译作“托克默特”。

[2] 算都：汉文音译作“苏尼都”。

[3] 唐英格：汉文音译作“唐英袞”。

而是我喇嘛的福分！”

遂启程回归（故地）。

那个朱葛诺颜在南京城住了三年，与八十八万汉人结成坚实的盟约之后，回朝向可汗上奏折称：“臣遵共主可汗的旨意，科敛贡赋而来。”守门的军士遵守原来的旨意，没有放他入城。（朱葛诺颜）用珠宝财帛贿赂守门的军士，进得城门而复奏：“我用九万辆车载各色珍宝财帛。”遂先卸前三万辆车，确实是珍宝财帛；后六万辆车装的是全服甲胄，武装齐全的军士，并有三尊大炮，用蜡包裹结实，（朱葛诺颜）诡称：“恐怕白天卸不完车载之物，以备夜用的大蜡烛。”他们原约定蜡烛燃完，火接炮药，闻其炮声，车中所藏军士全部出动。当卸完前三万辆车的时候，炮声一响，其兵突出攻战，众皆惊恐，无人能敌。

可汗乃入前梦中所见的（城墙）洞。袖其玉玺，携其皇后皇子而出。由阿鲁剌特部伊拉忽丞相、奈曼的布哈丞相、哈萨尔后裔脱忽勒忽·巴特尔台吉等七位力战而出。

此乌哈干图可汗于癸酉年即位，在位三十六年，岁在戊申，年

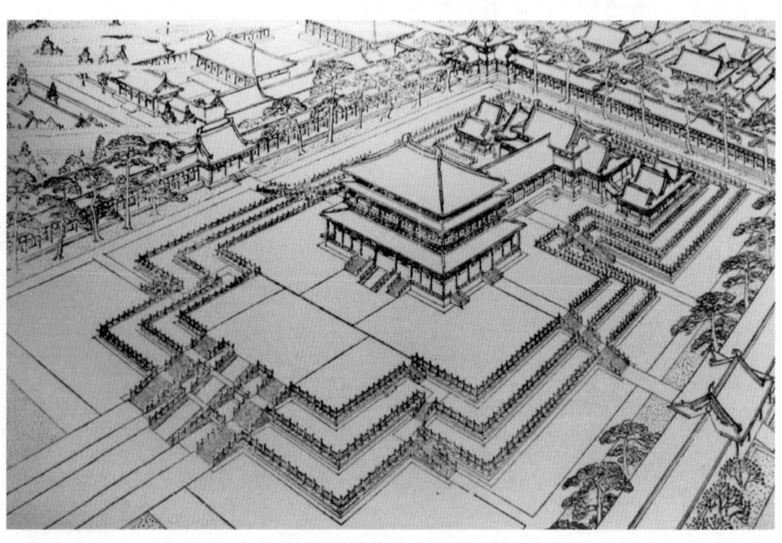

◆ 元大都大内延春阁建筑群鸟瞰图 ◆

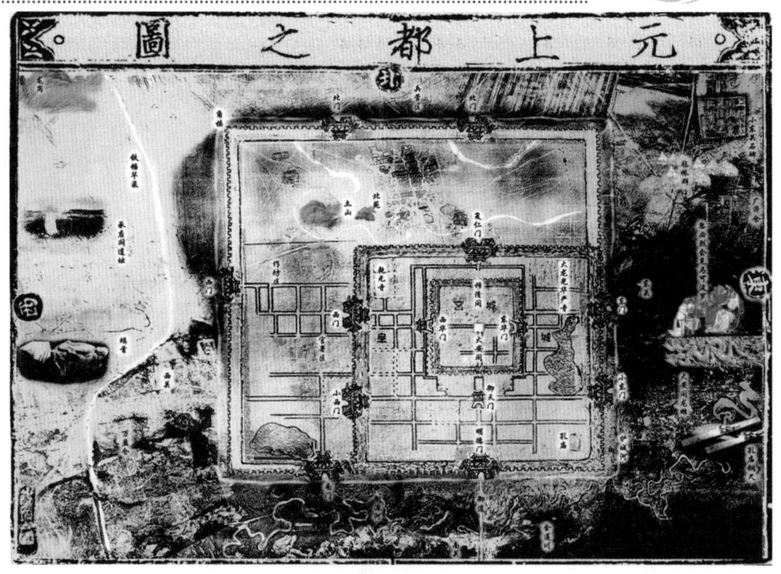

◆ 元上都之图 ◆

五十一岁，因偏溺谄佞，受敌人诈骗，大都城被占，失去了玉宇大朝。

自从苏图博格达成吉思汗降生的壬午年至此，凡二百零七年。岁在己酉；自从成吉思汗即位之年至此，凡一百八十年，至戊申年，蒙古可汗传位凡十五朝。

自是可汗由古北口出亡，悔叹而泣曰：

“以诸多宝贝建造之我也克大都城，

应时纳凉而居之我的开平上都城，

自古以来列圣避暑之我的上都黄甸，

可惜啊！戊申年误失我的大国之政！

以九种宝贝建造之我也克大都城，

治理九十九政之我的上都开平城，

泽及普天下众生之我的政教之福音，

可惜啊！为天下共主之我的大名声！

起早登高而眺望啊，眼前灿烂的朝霞，

◆ 漠北草原 ◆

自南自北而观望啊，眼见的全是美景，

不分冬夏而常居啊，从不生厌的故都，

额尔克图[1]彻辰可汗创建的大都宝贝城！

我的列祖安居之也克·也克肯·大都城，

我的相得宰臣和我所属普天下之民众，

未听取伊拉忽丞相进谏是我一生遗憾，

偏信反叛的朱葛诺颜是我一生的愚蠢！

是我误杀了的聪睿忠臣托克托噶太师，

驱逐自己尊敬的上神喇嘛是我造的孽，

可惜啊！号称天下共主之我的大名声！

可惜啊！我享用无边的种种幸福生活！

忽必勒罕[2]彻辰可汗建造的神祇大都城，

被汉人朱葛诺颜席卷而去的耻辱永载我妥懽帖牡尔身上！”

[1] 额尔克图：蒙古语，意思是“权威的”。

[2] 忽必勒罕：蒙古语，意思是“神奇的”。

如此哭叹着，络绎而行，且战且退。四十万蒙古军士中，得脱者唯有六万，其余三十四万皆被截留。

可汗遂聚前后得脱的六万人，至克鲁伦河之界，筑起巴尔斯城[1]而居住。岁在庚戌，年五十三岁崩。

其子毕里克图可汗，戊寅年生，岁在辛亥，年三十四岁即位，在位八年，岁在戊午，年四十一岁崩。其弟乌斯哈勒可汗，辛（壬）午年生，岁在己未，年三十八岁即位，在位十年，岁在戊辰，年四十七岁崩。其子恩克·卓哩克图可汗、额勒伯克·尼古勒斯贵可汗、哈儿忽楚克·都楞洪台吉三人。恩克·卓里克图可汗己亥年生，岁在己巳，年三十一岁即位，在位四年，岁在辛（壬）申，年三十四岁崩。其弟额勒伯克·尼古勒斯贵可汗，辛丑年生，岁在癸酉，年三十三岁即位，举国称其为额勒伯克·尼古勒斯贵可汗。因其忽然心魔作祟，有一天在雪地里行猎，射死一只兔子，见其滴在雪地上的血迹，降旨道："有没有面容如此雪白，两颊如此血红的妇人呢？"卫拉特部札哈明安的浩海·达由说："可汗您的弟弟哈儿忽楚克·都楞洪台吉之妻乌勒哲图·洪高娃必吉之美，

[1] 巴尔斯城：指的是应昌府。在今赤峰市克什克腾旗境内。

◆ 冬日里的草原 ◆

容光犹胜于此。”于是，可汗降旨：“致我之所言，成我之所思者，我的浩海·达由。你让我见到她，我封你为丞相，统领四部卫拉特。”

浩海·达由奉命随都楞台吉出猎，见洪高娃必吉说：“可汗有旨谓，你的美貌，为众所羡慕，我到你家，愿得一见。”必吉大为吃惊，说：

“岂有天地相合之理？

岂有可汗见弟妇之道？

听到令弟哈儿忽楚克洪台吉的死讯了吗？

其兄可汗成黑狗了吗？”

浩海·达由归来，向可汗具奏所言。可汗大怒，截杀其弟，娶其怀孕三个月的弟妇。其弟哈儿忽楚克·都楞洪台吉癸卯年生，岁在己卯，年三十七岁被杀死。

其后，可汗出猎放鹰之际，洪高娃必吉听说浩海·达由为受丞相之封，备宴而至，坐待可汗于野外。遂遣哈儿忽楚克台吉的马弁叫多克申·西拉的人去请他，说：“你坐野外干什么？来家中等候可汗吧！”请他来

◆ 石弹 ◆

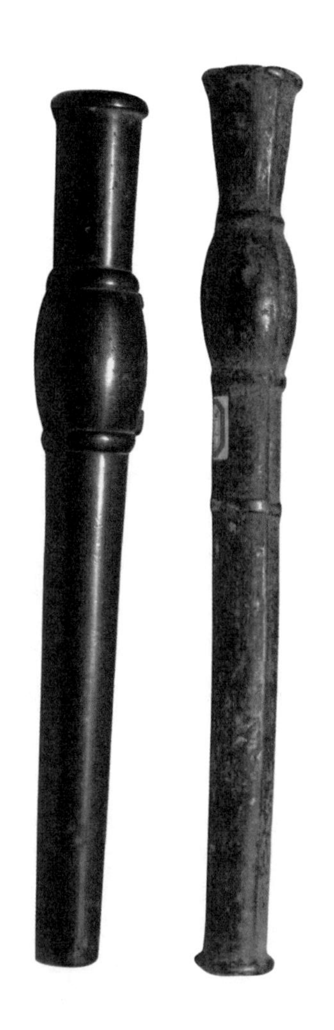
◆ 元代火铳 ◆

之后，大加礼敬，以银杯斟酒，内加黄油捧上。洪高娃必吉称：

“致我贱躯于高贵，

致我微身于尊荣，

升我必吉为太后，

荣我台吉之妻为可汗的哈屯！

我还能说什么呢！您对我的恩情，难以用语言表达。怎样赏赐，由您最爱的可汗知道。我在此只能以杯酒略表我报恩之心。”(浩海•达由)相信了她，饮其酒，不觉昏倒。遂令置浩海·达由于床上，自己揪断发辫之一股，又自己挠破身上数处，招来邻近的众百姓以示之。并遣哈儿忽楚克台吉的马弁多克申•西拉去追回可汗。当可汗回来之时，（洪高娃必吉）背坐而大哭。可汗进来问：“你为什么痛哭？”尽言刚才对浩海·达由捧酒所说的那些话，且说：“他饮我敬的酒后，肆出邪言亵渎，并欲奸污我。因为我没有答应，遂伤我成这个样了！”浩海•达由朦胧中听到这些话，急起乘马而逃跑。于是，可汗怒起，说：“看这个浩海的逃跑，确有此事！”追及之，浩海拒捕而射断了可汗的小指，后就地擒拿而杀死，并命苏尼

特的叫王钦·太保的人，剥取浩海·达由脊背上的皮，归来交给洪高娃必吉。必吉说："这还不足我解恨！"遂舔了一下可汗小指滴的血，又说："看看人皮是什么样的？"再舔浩海·达由皮上的油，说：

"既舔黑心可汗的血，

又舔进谗浩海的油，

妇人我为夫报了仇，

今即就死亦无遗憾。

可汗你速速把我杀了吧！"

可汗因洪高娃必吉的美色，不怒。对浩海·达由之子巴图拉说："我误杀了你的父亲。"遂赐给他大哈屯库伯衮台所生的萨穆尔公主，并拜他为丞相，令其统领卫拉特四部。

卫拉特的客烈努惕的乌格齐·哈什哈称："这个可汗杀其弟弟哈儿忽楚克·都楞洪台吉，娶其媳洪高娃必吉为哈屯，肆行不道，为必吉所欺，杀我臣浩海·达由而为耻，知有其主子我的存在，竟令我所属的巴图拉统领四部卫拉特！"可汗听到他如此愤怒，遂与其女婿巴图拉丞相计议，

《世界征服者史》，是有关成吉思汗及其子孙远征国外的历史著作。撰者为13世纪波斯史学家志费尼。志费尼先世仕于花剌子模王朝。花剌子模亡，其父归降蒙古，被任命为呼罗珊等州财政官。志费尼本人长期担任蒙古国阿姆河行省长官阿儿浑的书记，曾数次随阿儿浑赴蒙古朝见大汗。该书是志费尼1252—1253年在蒙古国都城哈剌和林期间开始撰写的，他时断时续地写了八九年，后因担任伊利汗国报达省长官，公务繁忙，未能写完。后来伊朗学者卡兹维尼将该书分为三卷，第一、二卷为原书上卷。《世界征服者史》所叙述的年代，起自成吉思汗，止于旭烈兀时期。全书可分为三个部分：第一部分的内容包括蒙古前三汗，成吉思汗、窝阔台汗和贵由汗时期的历史；第二部分实际是中亚和波斯史，其中包括花剌子模的兴亡、哈剌契丹诸汗，以及那些地方的蒙古统治者。第三部分内容庞杂，它从拖雷开始，以较大的篇幅谈到蒙哥的登基及其统治初期的史实。本书所记述的史实，大部分是志费尼亲见亲闻的，因此此书是最原始的，也可以说是最有价值的史料。

◆ 蒙古军征战图　波斯细密画◆

欲杀乌格齐·哈什哈。其大哈屯库伯衮台得知这个消息而遣使将此事告知乌格齐·哈什哈。乌格齐·哈什哈立即率兵前来，弑额勒伯克可汗，自己娶乌勒哲图·洪高娃必吉，收服蒙古国的大半。

额勒伯克可汗癸酉年即位，在位七年，岁在己卯，年三十九岁时害死哈儿忽楚克。过四个月，即于是己卯年，被乌格齐·哈什哈所弑。可汗娶乌勒哲图·洪高娃必吉之时，她已孕三个月。及乌格齐·哈什哈娶她之时，已孕七个月而行。又过三个月，岁在庚辰，生一子，取名阿寨，乌格齐·哈什哈把他当自己的儿子抚养。

巴图拉丞相令阿苏特部名叫斡格德勒忽的人背篓拾粪，起名为阿噜克台[1]而使唤他，嗣后，他暂统蒙古。

额勒伯克可汗的长子衮·特木尔，丁巳年生，岁在庚辰，年二十四

[1] 阿噜克台：蒙古语，意思是“背粪篓的人”。

岁即位，在位三年，岁在辛（壬）午，年二十六岁崩。无子。其弟乌勒吉•特木尔，己未年生，岁在癸未，年二十五岁即位，在位八年，岁在庚寅，年三十二岁崩。其子德勒伯克可汗，乙亥年生，岁在辛卯，年十七岁即位，在位五年，岁在乙未，年二十一岁崩。

是年，乌格齐・哈什哈心怀前仇，杀浩海・达由之子巴图拉丞相，遂会盟卫拉特四部。参加会盟的三个人在途中见到阿苏特部的阿噜克台在背篓拾粪。（阿噜克台）问："大人等会盟，其事怎样？"（三人）讥笑说："唯贤者，既结项索，而忧大国之事者，原来是你啊！"之后，又说：

"将筑名叫瞬间的大城，

既用丧棒抽打花骟牛。

要举阿寨台吉为可汗，

将命阿噜克台为太师。"

等他们过去后，阿噜克台卸下粪篓放在地上，说："这不是你们说的话，而是上天的命令，跟我一个庶人有什么关系！阿寨台吉是上天的后裔，他的天父会知悉的！"祷毕，向天叩拜。

不久，乌格齐・哈什哈死了。其后，即于是乙未年，乌格齐之子名叫额色库的，他丁酉年生，岁在乙未，年二十九岁即位。娶巴图拉丞相之妻萨穆尔公主，称额色库可汗。役使乌勒哲图・洪高娃必吉、阿寨台吉母子及阿苏特的阿噜克台三人于自己家中。

这位额色库可汗，自乙未年，在位十一年，岁在乙巳，年三十九岁崩。

萨穆尔公主心恨乌格齐・哈什哈的罪恶行径，暗中把乌勒哲图・洪高娃必吉、阿寨台吉、阿噜克台三人送往娘家去了，并告诉他们：

"他们的额色库可汗已死，

额尔和楚特[1]之众乱了套。

[1] 额尔和楚特：蒙古语，意思是"掌权者"。这里暗指卫拉特首领。

如今向我父亲叩头请命，

趁此机会起兵攻打则可。”

说话之间，其子巴嘎穆说：“虽然说是娘家，终究是外人。怎么能那样说呢？”母亲生气地瞪了他一眼，（巴嘎穆）不敢吱声了。其时，科尔沁之斡惕赤斤诺颜的后裔，阿岱台吉统领剩余的部分蒙古。他们到那之后，转告公主所说的话。

阿岱台吉丙辰年生，岁在庚寅，年三十五岁，娶乌勒哲图·洪高娃必吉，在主（陵）前即可汗位，赐阿噜克台以太师之号。阿岱可汗遂与阿寨台吉、阿噜克台太师三人统兵征卫拉特四部。他们战于扎勒们山，掳获巴图拉丞相之子巴嘎穆而还。阿寨台吉说：“当报我姐的救命之恩，可否释放她的这个儿子？”阿噜克台太师说：“俗话说，狼崽不可饲，敌子不可养。当日我们出来时，这个孩子不是说坏话了吗？”阿岱可汗赞许阿噜克台的话，将巴嘎穆押来，阿噜克台太师对他说：“在过去，你的父亲巴图拉丞相令我背篓拾粪，为我起名为阿噜克台，使为贱役。而如今旋转的太阳，更替的朝政，父债子还，是天经地义。”遂将巴嘎穆扣在铁锅底下，为其起名“托欢”[1]。役使于家中。

阿噜克台太师的妻子格日勒阿哈，甚是爱怜（托欢）。有一天，格日勒阿哈为托欢梳发时，蒙古勒津的蒙克拜看到了，说：“阿哈！与其梳他的头发，不如断他的生命！”说罢，就回去了。其后，萨穆尔公主

[1] 托欢：蒙古语，意思是“锅”。

◆ 环首铁剑 元代 ◆

亲自来，求取托欢而归。托欢回去后，对（卫拉特）四部的主事者们说：

“今日的蒙古国，

和我们过去一样，

首尾已经乱了套，

趁此机会征讨啊，

一定能够征服之。”

《南村辍耕录》，陶宗仪著。宗仪字九成，号南村。浙江黄岩人。他学识渊博，明洪武年间曾任教官。元末他避乱隐居松江农村，耕读之余，有所感受，即随手札记于树叶上，贮于罐中，后由其门生整理成书。全书共30卷，585条，20余万字。此书记载了元代社会的掌故、典章、文物及天文历算、地理气象、社会风俗、小说诗词等。由于作者非常熟悉元朝的典章制度、掌故等，故此书的史料价值非常高，是研究蒙元史的重要基本文献之一。

其母亲萨穆尔公主劝说：“这个小东西因为身受其难，故出此复仇之类的话呢，何必以牙还牙，追究过去呢？”（托欢）不听，率兵出击。遇到阿岱可汗于行猎之中。当时，阿岱可汗把插梅针箭的撒袋让卫拉特的两个小孩赛木沁、萨勒木沁佩戴，自己则佩戴插四支大披箭的撒袋在行猎，这两个小孩子认出那些卫拉特四部的人，遂叛逃。可汗用自己所带的四支大箭，射倒（卫拉特的）四个人，逃到主上的宫中藏了起来。后因没有箭戈可战而被擒拿，被杀。

托欢太师乘骑密尔伞黄骐，绕主上的宫帐三匝，冲之，砍之，喊道：“您是苏图之身八白室，我则苏台[1]之后托欢！”杜钦、杜尔本[2]二部的大人们纷纷称：“这位额占博格达非仅为蒙古的额占，而是总领五色四夷

[1] 苏图、苏台：“苏”为古蒙古语，意思是“福气”。“图”“台”是古蒙古语中的性属格，“图”为阳性，“台”为阴性。这里的“苏图”指的是成吉思汗；“苏台”从本句看，指的是诃额伦母亲。托欢本属“绰罗斯”氏，从这次胜利后，改为“厄鲁特”。明季史籍称卫拉特为“瓦剌”，源于“厄鲁特”。从以下托欢说的话可以看出，他为了夺取蒙古可汗之位，使其“合法化”而称自己为“苏台之后”。因此，这位“苏台”应该与诃额伦母亲有关。“厄鲁特”与“诃额伦”在蒙古语中的根词是一致的。蒙古史籍称斡勒忽讷惕、弘吉剌惕、郭尔罗斯、伊乞剌思、额勒吉根五部为成吉思汗黄金家族母舅，被称为“金器皿”所出，地位与成吉思汗黄金家族——孛儿只斤氏平等。

[2] 杜钦、杜尔本：是蒙古语。指北元时期卫拉特四部与东蒙古的代名词。

◆ 铁箭簇 元代 ◆

的昊天之子啊！对他一定会有报应的！”并对托欢说：“你的言行太过分了！应当叩拜额占博格达，请求他赦免自己的性命。”托欢不听，说：“我自己的性命，更求于何人？而今蒙古国尽为我所有。我要依蒙古诸可汗之制，取可汗之号。”及其致祭于主（灵）而还也，但闻主上的金箭壶铮然有声，近侍人等见中眼内的一叉披箭铁镞在颤颤而动。当时，托欢太师的口鼻冒血而慌骇。众人见其衣服自绽，两胛之间显出中箭的痕迹。又看主上的箭壶时，中眼内的一叉披箭铁镞有血迹。杜钦、杜尔本二部之众纷纷说：“这是主上发怒所致啊！”（托欢）召其儿子额森[1]到自己身边，说：

“额热[2]苏图显其威灵了，

额莫[3]苏台未能保护后裔。

恃行额克苏台[4]后裔的我，

被额占博格达如此整倒了。

[1] 额森：人名。卫拉特方言中“额森”为“也先”。

[2] 额热：蒙古语，意思是“男子汉”，转义为英雄。这里指成吉思汗。

[3] 额莫：蒙古语，意思是“妇女”，转义为失败者。这里指诃额伦母亲。

[4] 额克苏台：蒙古语，意思是“有福气的母亲”，这里指诃额伦母亲。

已经清除掉你的芒刺，

所余者唯蒙古勒津的蒙克拜。”

说罢，气绝。

阿岱可汗庚午年生，岁在丙午，年三十七岁即位。在位十三年，岁在戊午，四十九岁，为托欢太师所害。阿岱可汗、托欢太师二人，同年相继逝世。

托欢之子额森，丁亥年生，当年即戊午年，三十二岁，在主上（灵位）前即可汗位。遵其父亲遗言，杀蒙古勒津的蒙克拜。当日即统率杜钦、杜尔本二部（之众），征讨乞塔特国。一夜，额森可汗梦见自己转生。对众臣说：

“我梦见自己转生，

为此大家相商，

由谁领养他呢?

阿苏特的阿噜克台太师之子，

阿里曼丞相之妻，

◆ 行别献酒图 元代 ◆

阿哈达赖阿哈之外，

还能有谁领养？

做了这样的梦。

你们给我解析吧！”

卫拉特部巴嘎图特・西赉汗的名叫比希浑的人解析说：“愿擒乞塔特的大明可汗，交给阿苏特部阿里曼丞相。”

◆ 蒙古族人射箭图 ◆

于是，他们进兵大同，擒拿了大明正统可汗。额森称：“此梦应验了！”遂交给阿里曼丞相，命置于六千乌济业特[1]之暖和地方养之。

（收兵）回去的时候，额森对大家说：“如果有谁把擒拿大明可汗的事情告知我母亲，我就杀死他。”（额森）回到家，拥抱其母亲说：“母亲重生我了！”其母亲问：“你是在说擒拿大明可汗的事吗？”（额森）问：“是谁告诉您这个消息的？”（其母亲）回答说：“是永谢布的搏克・苏尔孙欢喜而告诉我的。”额森可汗不听母亲的劝告，杀死搏克・苏尔孙，悬挂在驼树之上。

于是，蒙古、卫拉特的大人们相议说：“这次出征之时，杀了一个人；班师回归后，又杀了一个人。以屠戮为业，不是什么好兆头！”又有蒙古的小民们相议说：“前此杀蒙克拜，今又杀苏尔孙。由此看来，必将杀尽我们蒙古人啊！”遂纷纷叛离，大半回归故乡。

阿寨台吉的三个儿子之长子为岱松台吉，生于辛（壬）寅年；次子阿嘎巴尔斤台吉，生于癸卯年；幼子满都古勒台吉，生于丙午年。岁在

[1] 乌济业特：为蒙古部落名。初指帖木格斡惕赤斤后裔及属民。

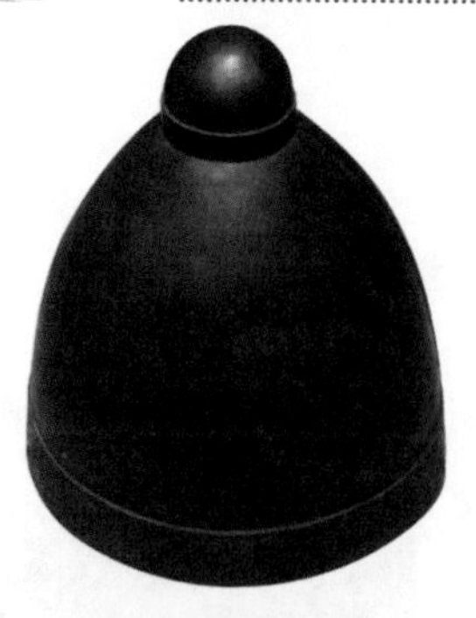

◆ 元代头盔 ◆

己未，岱松年十八岁，自即可汗位；阿嘎巴尔斤十七岁，即济农位；满都古勒台吉十四岁。兄弟三人率兵征讨四卫拉特。于图林努·哈喇[1]之地迎战。当时，互夺大战之脱格哩克[2]，须使二将先见阵。蒙古出兀鲁兀惕[3]的巴特尔锡古苏台，卫拉特的布里亚特之珪林齐[4]巴特尔出阵。二位相见，各通姓名，彼此熟悉，称："我二人在此之前，太平时期是安达。曾经一日，二人同坐饮酒之时，相互称：'倘若杜钦与杜尔本二部分离而兴起战争的话，出头阵的除你我二人之外，还有谁呢？'（锡古苏台问）：'那时候，如果是你我相见，你把我怎样？'珪林齐说：'我善射，你擐甲，我也能把你射穿！'锡古苏台说：'我善劈，能将你从头顶到乘骑劈成两半！'"至是，巴特尔锡古苏台身擐重铠出阵，遥相呼喊说："善远射的你，从

[1] 图林努·哈喇：地名。汉文译作"吐鲁番之哈喇"。

[2] 脱格哩克：蒙古语。汉文译作"认旗"。

[3] 兀鲁兀惕：蒙古部名。汉文译作"乌尔哈特"。

[4] 珪林齐：又作惠林齐，人名。本高勒齐，用卫拉特方言则称珪林齐。

祭天祭祖："皇舆吉日如西内，马酒新羞白玉浆。遥酹诸陵申典礼，旋闻近持宴明光。"皇帝由上都返回大都前，于"七月七日或九日，天子与后素服望祭北方陵园，奠马酒，执事者皆世臣子弟，是日择日南行"。每年的祭天、祭祖、洒马奶子成为元一代的朝廷定制。蒙古贵族祖先葬于漠北起辇谷，每年巡幸至上都就在那里祭祀祖先。洒白马奶酒祭奠也是独特的风俗。"每岁驾幸上都，以六月二十四日祭祀，谓之洒马奶子。用马一，羯羊八，彩缎练绢各九匹，以白羊毛缠若穗者九，貂鼠皮三，命蒙古巫觋及蒙古、汉人秀才达官四员领其事，再拜告天。又呼太祖成吉思御名而祝之，曰：'托天皇帝福荫，年年祭祀者。'礼毕，掌祭官四员和各以祭币表里一与之。余币及祭物，则凡与祭者共分之。"

◆ 元代铜炮 ◆

远处射吧！”巴特尔珪林齐遂先射，射透了锡古苏台的重铠，箭头及其身，（锡古苏台被射的）离去后鞍桥。复前坐而劈之，从珪林齐头顶到其乘骑，劈成了两半。时因已曛暮，遂约以诘朝再战，其夜相拒而宿。

卫拉特四部大惧，相互商量说：“怎么办？投降吗？”特楞古斯之阿卜杜勒·彻辰对大家说：“蒙古人视觉不济，我去游说，试试吧！我如果能够安全归来，宜容我本身；我如果被杀，宜恤我子孙！”说罢，遂奔。阿卜杜勒·彻辰暗自想：“岱松可汗聪明，可能会察觉；阿嘎巴尔斤济农愚笨，可试谋之；唯其儿子哈尔古楚克可畏，必能知。结果怎么样，看命运吧！”到那里，进济农家，说：“额森太师遣我传话，如果济农独自取则我们愿意投降，如果与可汗二人分的话，怎么能投降呢？不如战死在万箭之下。”（又说）：“听说您的可汗兄经常欺负您，为兄者坐食而不与其弟弟。”济农当夜自相计议：“阿卜杜勒说得在理，我可汗兄初授我济农，遣往西部万户之时，只给我一峰黑盲儿驼装行用。在这次出征中，又夺我僮仆阿拉克绰特·察罕。我怎么能够称其为兄啊！如今可以与卫拉特四部合力驱逐他。”则其儿子哈尔古楚克劝阻道：

“堵其姻亲则衰败，

堵其乌麦[1]则兴盛。

堵其岳家则下坡，

可汗堵则受羡慕。

额森太师是我岳丈，我为父亲的名声而劝阻。为什么要听信外人之言？趁此敌人之败绩，宜斩之！”济农说：“你个小孩子家，胡乱说些什么？”即连夜命索隆嘎斯的忽都巴哈、灰齐古特的蒙克二人与阿卜杜勒•彻辰同去，联合卫拉特四部。翌晨，率卫拉特兵来攻打（岱松可汗）。其兄岱松可汗虽然奋勇拒战，但因其兵无力抵抗而溃败。可汗慨叹道：

◆ 秋林群鹿图 ◆

“巴特尔锡古苏台受到了羡慕！

天命将脱格哩克瞬间急转了！

被阿卜杜勒·彻辰诱骗了，

阿嘎巴尔斤济农太可恶。

可惜了！我的好名声！”

岱松可汗乘骑黑鬃黄马败走，直奔肯特山，渡克鲁伦河而逃。

先时，（岱松可汗）曾遗弃郭尔罗斯之彻卜登的女儿阿勒塔噶勒沁而遣其回家。在这次败逃中，遇见彻卜登。

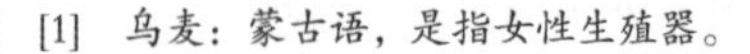

[1] 乌麦：蒙古语，是指女性生殖器。

彻卜登称：

“俗话说得好，

有仇的人邂逅在关隘，当杀之！”

他的女儿劝阻道：

“原来的过错在于我，

害及孛儿只斤则罪更大。

如今趁其困顿帮助他，

不是成为一件好事吗？”

（其父亲）不听，竟弃之。

也里可温：蒙古语 Erkehün，是元朝人对基督教徒和教士的通称。又译作也里克温、也立乔。蒙古几次西征中，大批西亚、东欧的基督教徒被裹胁或俘掠，充当官吏、军将、工匠或奴隶，其中大多数随着蒙古统治者进入内地，分散居住在全国各地。元朝对于各大宗教的基本政策是兼容并蓄。基督教和佛教、道教、伊斯兰教一样，可以自由传教，为皇帝祷告祝寿。随着元朝的灭亡，基督教又一度在中国消失。直到明朝后期，才又见天主教东来的记载。

岱松可汗自己未年即位，在位十四年。岁在辛（壬）申，年三十一岁，遭彻卜登之害而崩。

当时，阿嘎巴尔斤济农与卫拉特四部合并，对（他们）说：“昨天，由我的绰图[1]儿子哈尔古楚克对我说，‘乘此外人疲惫之机，驱逐而斩之，以报昔日之仇’！我生气地制止了他。”卫拉特、蒙古之众听到后，私下讥笑他说：

“我们这位济农，

不配做济农，

是鸣风的叫驴，

试看他的行踪。”

从此，人们称阿嘎巴尔斤济农为“毛驴济农”。

其后，卫拉特人私下商议说：“这个济农的为人，类似牲畜。哈尔古楚克台吉是个能复仇的人。怎么能把活狐狸装在袖筒里呢？我们杜尔本部跟杜钦部结仇的人很多，如果他记仇的话，如何能叫他活在世上呢？应该舍弃这父子二人。”额森可汗袒护自己的女婿说：“他的父亲虽然

[1] 绰图：蒙古语，意思是“名声远播者”。

有过错，但他驱逐自己的兄长而与我们合作了，他是个可以结交的好人，杀他们干什么？”阿卜杜勒·彻辰说：“他的父亲是驱逐自己的兄长，并谄自己儿子之人。

不认其热肝亲戚之人，

岂能与我等仇敌为友？

他更是属于恶毒之最，

未闻其毒言吗？有不可养育！”

众皆赞同，计议停当，阿卜杜勒·彻辰按计议来到济农家，上奏：“我们杜钦、杜尔本二部，均成了您的阿拉巴图。而今济农您应该即可汗位，将济农之号赐给我们的额森太师吧！”（阿嘎巴尔斤济农）依其奏，说：“你们所奏甚是。”等他们出去后，哈尔古楚克台吉说：

“上苍有日、月二者，

下土有可汗、济农。

他们有苏台之后太师、丞相二者，

怎么能把自己的爵号赐予他们？”

其父亲不听而怒斥儿子。哈尔古楚克台吉称：

“本来不应该与可汗父亲抗言，

只是惋惜他玉宇大朝之正名。

必将陨及您的黔首！

◆ 石雕击鼓童子像　元代 ◆

必将危及您的全体蒙古！”

说罢，就走了。遂召杜钦、杜尔本二部，阿嘎巴尔斤济农即可汗位，以额森太师为济农。

其后，卫拉特四部立相迭的两座大蒙古包，在后边的蒙古包地下掘一大坑，用大毡子覆盖起来，并准备盛大宴会。狡猾而狠毒的阿卜杜勒·彻辰对济农说：“济农您即位于杜钦、杜尔本之上为可汗，并赐俺四部的额尔和楚特以济农之号。而且多施重大赏赉之缘故，您的外甥额森济农备宴为贺，遣我前来请舅舅可汗！”（阿嘎巴尔斤可汗）遂即前往，称：“请以可汗为首诸兄弟，各以从者二人，鱼贯入座。以便我们依次把盏。”阿卜杜勒·彻辰遂命其他人等待在远处。俾可汗以四个从者，台吉等各以从者二人换入，假装欢迎唱歌，齐声大呼，将其全部捕而杀死，之后，扔进后边蒙古包的坑里。在屠杀他们三十三位簪缨者的时候，哈尔古楚克台吉发觉了，暗中遣其僮仆奈曼部人伊纳克·格尔去侦探。伊纳克·格尔回来报告说：“连一个人也不见，唯见后边蒙古包的东帷下流着血。”哈尔古楚克台吉说：

◆ 蒙古射猎图 ◆

“欲卧的人卧着了，

欲死的人死去了。”

携其僮仆伊纳克·格尔逃了出去。有卫拉特部三十个勇士追及时，他们主仆二人已避于翁滚·哈雅[1]的峡谷里。只见卫拉特的西勒宾·巴

[1] 翁滚·哈雅：汉文作“翁衮哈雅”。

◆ 铜翁贡像 元代 ◆

特尔·图林[1]等三人，身擐重铠，越山而来。伊纳克·格尔引弓射之，射透其重铠，偕其二位从者滚落而去。于是，土尔扈特部的彻勒克·图尔根[2]擐三重铠，持枪越山而来。伊纳克·格尔说："此非我所能啊，请台吉射之！"台吉瞄准其心窝射去，箭射透三重铠，透出背后。彻勒克·图尔根扑倒在地，其余的人逃了回去。于是，台吉与伊纳克·格尔相议说："我们二人步行，能走到哪里？"伊纳克·格尔遂潜回去，等到夜晚，盗取额森可汗的赛雄驼黑马和不生驹的黄海骝骒马，让台吉乘骑黑马，伊纳克·格尔自己乘不生驹的黄海骝骒马。伊纳克·格尔称："托克玛克[3]诸首领是拙赤的后裔，和我们同根。"遂往托克玛克地方。途遇托克玛克的一位名叫阿克·蒙克的富人，台吉遂与其做伴而居。（哈尔古楚克台吉）对伊纳克·格尔说："额森太师是否还活着？杜钦、杜

[1] 西勒宾·巴特尔·图林：汉文作"破虏将军图林"。

[2] 彻勒克·图尔根：汉文作"察拉斯·图尔根"。

[3] 托克玛克：汉文作"通玛克"。

尔本二部的情况如何？试往探之。乘机将我的妻子斯其格接过来吧！”当时，额森已即可汗位，统领杜钦、杜尔本二部。

其后，那个（托克玛克的阿克·蒙克）富人出去打猎，遇到十只黄羊，台吉射其一只，阿克·蒙克的弟弟雅克西·蒙克却借口“看差了”，将台吉射杀了。

于是，其僮仆伊纳克·格尔回来，从野外抓住阿克·蒙克的牧马人问此事。牧马人回答说：“如此这般杀死了你的台吉。”（伊纳克·格尔）杀死了那个牧马人，驱马一群归来，谒见夫人斯其格必吉哈屯，告诉她所发生的事情，痛哭了一阵，再谒见额森可汗说：“托克玛克人害死我台吉，又役我苦务，我（乘其不意）逃归而来。”

初，父亲额森令其女儿斯其格必吉易配他人，（斯其格必吉）说：“不闻哈尔古楚克台吉之死，我不嫁其他人。”怀孕七个月而离哈尔古楚克台吉，越三个月，于本年辛（壬）申分娩。其父亲额森可汗称：“斯其格所生，如果是女孩则养之，如果是男孩则弃之！”其女听到这个消息，拽其孩子的扎嘎斯[1]向后系而示之。前来检查的人看了，说：“是个女孩子！”

其人去后，斯其格必吉将察哈尔部好力宝图鄂托克的敖兑·额莫根的女儿抱来，置于摇车内。斯其格见其曾祖母萨穆尔公主诉其缘故。（萨穆尔）公主遂命取其儿子来，赐名“巴延蒙克”，交给索隆嘎斯部的桑噶勒杜尔之妻哈喇克沁·太

驿站中的站户。站户的职责、任务是：首先，他们要供应各驿站来往官员的饮食；其次，还要供应使臣的交通工具，当时主要是马，有的地方则为牛、驴、狗，加上车辆等，还包括常年的饲料、马具和车辆的配件。再次，站户还负担驿站的劳役，如为使臣充当向导、车夫、船夫、搬运工等。驿使指具体负责通信的人。元代的驿使身份比较复杂，来源也各不相同，有王公贵族，也有州县官吏，甚至还有低贱的工匠。他们通称为“使臣”或“驿使”。他们的职责是宣告各种法令，传递朝廷各项任命、军事情报以及各地民生等不同的信息。

[1] 扎嘎斯：古蒙古语，又写作“扎嘎克”，是指男孩子的生殖器。

◆《蒙古人的一天》(局部)◆

福晋哺养。额森可汗欲杀此子，祖母萨穆尔公主对他说："你是以为他将来长大后，会找你报仇而害怕吗？他本是我的后裔，你不是我的外甥吗？如果我的儿子托欢在的话，一定会听我所说的话。唯有你额森，要害死自己的孙子！"如此怒斥之后，额森默然出去，称："本欲断绝孛儿只斤的后裔，奈祖母不可，今须背公主而暗杀他。"

伊纳克·格尔听到这些话，悄悄告诉了公主。公主称："如果有可信的人，将此儿送往蒙古为宜。"伊纳克·格尔说："卫拉特的斡格台·太保尝有怨言称，自从十三岁开始，即为其打先锋，效力很多，而未尝得到实惠等等。我去试探试探！"说罢，伊纳克·格尔去见他，说："巴特尔斡格台，今额森欲弃斯其格必吉之三岁孩子，您如果想要富贵，我可以禀报公主，送此子往蒙古地方。则非但您这辈子，连您的子孙后代，均为蒙古国的贵人，没什么可说的！"斡格台·太保赞许其说，遂

见公主说："听说您的孙子额森欲弃此子，我愿意护送他到您的娘家！"公主很高兴，称："如果真是那样，太好了！"乃遣卫拉特的高林·明安[1]的斡格台·太保、蒙古·喀喇沁的博来·太师、撒儿塔兀勒的巴延台·莫尔根、弘吉喇特的额色雷·太傅四人送孩子去蒙古。

途中有兀鲁兀惕的斡罗出·西固西[2]将其女儿奉与巴延蒙克台吉为中格[3]，称："愿送往其所余之亲族人。"遂为辅而居住。

当此之时，卫拉特右翼的阿拉克丞相、左翼的特木尔丞相来到额森处，特木尔丞相对额森可汗说："您已为杜钦、杜尔本二部的可汗了，把太师之位给予阿拉克丞相吧！"额森可汗回答说："我没有预料到，所以，把太师之位给了我的儿子。"二人生气地说："您是以阿卜杜勒·彻辰的计策，巴图拉·巴特尔的谋划，尼根台·莫尔根的力气得了蒙古国而已！是你一个人的能力吗？看你父子二人怎么治理杜钦、杜尔本二部吧！"

说罢，二人回去了。

二人随即兴兵来袭击，额森可汗出逃。（阿拉克、特木尔）遂尽掳其妻子、属民、畜群等。额森可汗独身逃出，途遇前述搏克·苏尔孙的儿子巴固。（巴固）抓住他而杀死，悬于呼和山麓的树上。

当初，阿苏特的阿里曼丞相，发配给额森所捕获的大明正统可汗名叫摩罗的妻子，取名为"察干·首萨"而役使于家中。当时其地[4]天灾疾疫繁衍。一天夜里，当察干·首萨躺下睡觉的时候，阿里曼丞相的一个奴婢早起挤牛奶，看见察干·首萨的眼内现出明黄色的光芒，向右盘旋。于是，他回去告诉了哈屯主子阿哈达赖阿哈。由此相传，大家都来看了。（人们）惊异地说："这个人肯定是个有福的大人物，自从这个人来到我们这里以来，我们这里的一切事情均不顺利。如今尤其显示出不平凡

[1] 高林·明安：蒙古语，意思是"中军千户"。

[2] 斡罗出·西固西：汉文作"少师"。

[3] 中格：汉文作"中宫"。

[4] 其他：蒙古语"特热兀鲁斯"，译为"其地"为宜。

◆ 喜金刚 ◆

的征兆，应当把她送还为宜！”遂送还大明正统可汗。因此，自大都的帑藏之中，给六千乌济业特人不胜其数黄白财宝。那个正统可汗在蒙古所娶的妻子摩罗所生之儿子名叫朱达克伞[1]，就是阿苏特的塔勒拜塔布囊，这是事实。

其后，岱松可汗的小哈屯萨穆尔太后，听到额森可汗已死的消息，亲自提到，让七岁的名叫玛尔古尔吉斯[2]的儿子乘皮橐行兵。马、牛、

[1] 朱达克伞：汉文作“朱太子”。

[2] 玛尔古尔吉斯：汉文音译作“默尔古斯格斯”。

步兵齐发，攻卫拉特四部，战于崆奎·扎布罕[1]之地，大加掳掠而还。遂奉七岁的玛尔古尔吉斯台吉即可汗位，号“乌赫可图可汗”，统领所余之蒙古人众。岁在癸酉，玛尔古尔吉斯台吉年方八岁之时，为七土默特的多郭朗台吉所害。

当初，岱松可汗遣归阿勒塔噶勒沁哈屯时，所滞留的生于丁巳年的三岁孩子叫摩伦台吉。当他十六岁时，彻卜登称其为“我的外甥”而抚养在家。是年，彻卜登死，郭尔罗斯的忽卜齐尔[2]将其役使于家中。其地忽发灾眚，忽卜齐尔问吐勒格齐，（吐勒格齐）称：“因害孛儿只斤氏之报应。”大家互相议论说：“这可能是事实。”遂将克木齐古特的塔哈台·太保[3]、郭尔罗斯的冒勒台[4]二人，送往翁里郭特[5]的毛里海王[6]处。于是，民众皆称：“大国的国政可以稳定了，如今您可以即可汗位。”遂让他乘骑汇苏图黄马，给他插上金刚顶，领其到主上之陵前，岁在癸酉，年十七岁，即可汗位。

其后，索隆嘎斯的忽秃巴哈[7]见摩伦可汗说：“毛里海王与其萨满岱哈屯，率兵来攻打您了！”摩伦可汗不信，称：“他既然帮助我，如今怎么能害我呢？”遂遣人去看看。正好毛里海王在自己家附近打猎，所差的人看到扬尘，中途返回，说：“他说得对，有扬尘呢！”（摩伦可汗）说：“那么就迎战吧！”于是，率军前往。忽秃巴哈趁机跑到毛里海王处说：“摩伦可汗为了强占您的地盘而想杀您，正在率兵前来！”毛里海王不信，说：“我曾经帮助他而未尝害他，他为什么要杀我？”忽秃巴哈说：“您以为我在说谎，可以差人去侦探啊！”毛里海王称：“你

[1] 崆奎·扎布罕：汉文音译作“崆奎雅巴罕”。

[2] 郭尔罗斯的忽卜齐尔：汉文作“郭尔罗特之忽巴齐尔”。

[3] 塔哈台·太保：汉文音译作“塔噶台”。

[4] 郭尔罗斯的冒勒台：汉文作“郭尔罗特的摩勒台”。

[5] 翁里郭特：蒙古部名，为现今的翁牛特之先祖。

[6] 毛里海王：汉文音译作“摩里海王”。

[7] 索隆嘎斯的忽秃巴哈：汉文译作“索伦的忽都巴哈”。

一定在说谎！”遂乘马登高瞭望。（看到摩伦可汗率兵而来，毛里海王）遂擐甲，向天、向主上之陵祭奠，称：

“长生天您知道，

圣主之陵您知道，

我曾助您裔可汗，

而今反加害于我。

金族之摩伦可汗，

属民之毛里海王，

请判二者之黑白，

爱憎之旨您知道。”

祷毕，兵虽少，毛里海王战而戕摩伦可汗。摩伦可汗自癸酉年，在位二年，岁在甲戌，年十八岁崩。当时，摩伦可汗的孟古斋哈屯[1]痛哭着说：

[1] 孟古斋哈屯：汉文音译作“蒙古彻尔夫人”。

◆ 查干浩特古城址远景 ◆

“可惜！玷污了我的好名声，

离散我可汗的忽秃巴哈！

毁我已成立之国朝，

离散我共主的忽秃巴哈！

离间毛里海王，

离散我主君的忽秃巴哈！”

毛里海王听到她的哭诉，悼悔摩伦可汗，割掉忽秃巴哈的舌头。

摩伦可汗无嗣而崩。其叔父阿寨台吉的卫拉特哈屯所生的儿子，名叫满都古勒，岁在丙午，年三十八岁即位。他为了给乌赫可图可汗复仇而率兵出征，杀死哈赤温[1]后裔多郭朗台吉，收复七土默特之众。

◆ 蒙古军征战图　波斯细密画 ◆

当时，送还巴延蒙克台吉和锡吉尔必吉二人的四位大臣及其岳翁斡罗出·西固西一同到达。叔祖满都古勒可汗很高兴，降旨称：“此儿可续孛儿只斤氏之嗣。”遂封巴延蒙克为“博勒忽济农”。

为了给摩伦可汗复仇，征伐毛里海王，时有兀鲁兀惕的锡古苏台·巴特尔的之子乌纳博罗特王，乘其竖耳兔鹘马打先锋，越过三道岭而追及毛里海王，杀死了他。

[1] 哈赤温：成吉思汗三弟。汉文音译作“哈齐金”。

由是，满都古勒可汗与其弟[1]博罗忽济农二人，和好无间，统领六万之众。满都古勒可汗有两位哈屯，大哈屯为卫拉特伯格尔森太师之女，名叫也克·哈巴儿图中根[2]；小哈屯为汪古惕·绰罗斯拜·特木尔[3]丞相之女，满都海·彻辰哈屯。当时，博罗忽济农属辖哈里古沁的洪忽赉进谗言于满都古勒可汗说："君之弟博罗忽济农，欲加害可汗您，以娶也克·哈巴儿图中根呢！"可汗不信，将洪忽赉说的话告诉博罗忽济农。济农说："哪有这种作孽的事啊！"可汗说："应当惩戒谗谮于大小之间的人。"遂割洪忽赉的嘴唇而杀之。

其后，永谢布的伊斯曼太师对可汗说："可惜啊！洪忽赉说的话是真的，他被杀的冤枉啊！"说罢，又去见济农说："您的可汗兄[4]已经相信洪忽赉说的话，想要害死您呢！"济农不信。（伊斯曼太师）又说："您如果不信，有试探您的人马上到。"说完，回去了。可汗想："这种话已经听到两次了，可能是真的！"遂遣二人去问："你为什么事仇视我？有人说洪忽赉所说的话是真的。"济农以为派遣使者是真的，发怒而没有回答可汗的质问。所差的人回去禀报可汗说："济农发怒，没有予以答复。"可汗确信而更怒道："我除博罗克沁、伊西格外，并无子嗣，

◆ 石雕 ◆

[1] 这里出现的"弟"，不是兄弟的弟，而是表示晚辈子弟。

[2] 也克·哈巴儿图中根：汉文译作"大鼻子中宫"。

[3] 汪古惕·绰罗斯拜·特木尔：汉文音译作"恩衮·绰罗斯拜·帖木尔"。

[4] 这里出现的"兄"，不是兄弟的兄，而是表示长辈。

早晚这个国家是属于他的。他既然如此心急，我又有何理由等待他呢？”遂遣伊斯曼太师率兵讨伐，济农逃出而未被所获。遂尽掳其属民及畜群，永谢布的伊斯曼太师纳锡吉尔太后。

先时，锡吉尔太后与博勒忽济农，于甲申年生一子，名为巴图蒙克。交给巴勒嘎沁的名叫巴该的人哺育。

满都古勒可汗的博罗克沁、伊西格二位公主，是满都海·彻辰哈屯所生，也克·哈巴儿图中根无所出。（后）把博罗克沁公主下嫁给卫忽特的伯格尔森[1]，把伊西格公主下嫁给蒙古勒津·彻古特的忽赛塔布囊。满都古勒可汗自癸未年[2]，在位五年，岁在丁亥[3]，年四十二岁崩。

◆ 银碗　元代 ◆

巴延蒙克博勒忽济农自二十九岁戊子年，阅三年，岁在庚寅，年三十一岁，被永谢布的赫里叶、察干、特木尔、蒙克、哈喇·巴岱[4]五人所害而崩。

其子巴图蒙克刚四岁时，伊斯曼太师娶其母亲锡吉尔太后，生巴布岱、布尔海二子。（锡吉尔太后）与伊斯曼太师在一起的时候，巴勒嘎沁的名叫巴该的人哺育巴图蒙克不善。于是，唐拉噶尔的特木尔·哈达克抚养了他。然而，自幼离其父母的巴图蒙克患了痞症，特木尔·哈达克之妻名叫赛海者，用银碗盛驼乳给他摩捺治疗，直到银碗底被磨穿才痊愈。

当时，科尔沁的乌纳博罗特王欲娶满都海·彻辰哈屯，满都海·彻

[1] 上节称此人为“卫拉特的”，这里却称“卫忽特的”，应为作者之疏忽。

[2] 汉文作“癸亥年”。

[3] 汉文作“丁未”。

[4] 汉文作“克里叶·察罕、帖木尔·蒙克、哈喇班第”。

辰哈屯称：

“如果主上的子嗣已经尽绝，

此王亦主上的亲族而可以。

但闻主上的亲孙巴图蒙克，

今在特木尔·哈达克的手中，

若不绝望于他，则我不嫁他人。”

◆ “献文庙”铜爵祭器 元代 赤峰市喀喇沁旗出土 内蒙古博物院藏 ◆

阿拉克出特的桑该乌尔鲁克非常赞许她的说法，没有走开而等待在那里。满都海·彻辰哈屯且问郭尔罗斯的萨岱：“之前，科尔沁的乌纳博罗特王曾经说过这样的话，而今这个孩子已到这里，在他们二人当中，应当选择哪一位合适呢？”萨岱回答：“与其等待这个幼小的孩子，不如嫁给乌纳博罗特王。这样，有益于大众。”（满都海·彻辰哈屯）又如前问于桑该乌尔鲁克之妻扎罕·阿嘎。扎罕·阿嘎称：

“若嫁给哈萨尔后裔，

将步入黑暗的道路，

离异您的举国大众，

将失去哈屯之名分！

如果守护可汗后裔，

将获得上天的佑护，

得主您的举国大众，

远扬您的哈屯之名。”

彻辰哈屯赞许扎罕·阿嘎所说的话，怒斥萨岱说：

“你以为可汗之子幼小，

而以哈萨尔之裔年富，

以我哈屯之身为孤孀，

竟说出如此话语！”

遂倒热茶于其头顶上。即于此庚申年，巴图蒙克才七岁，满都海·彻辰哈屯与巴图蒙克乃携起手来，命家臣孟根·移剌古[1]洒奠额系·哈屯[2]，亲奏道：

“挐（马）自不辨黑白之地行媳妇之礼，

因为可汗裔孛儿只斤族细弱，

哈萨尔裔乌纳博罗特行聘时，

来到我额系·哈屯之宫前。

辨认花马之地行媳妇之礼，

因为您的嫡孙年少无知，

哈萨尔叔辈之裔行聘时，

自不畏舍命而来到这里。

如果轻视您闭阂的门楣，

如果小看您尊崇的槛阈，

以乌纳博罗特王年长而适，

则乞我额系·哈屯试观奴媳。

如果践我诚心奏母后之言，

而守候您的弱嗣巴图蒙克，

则乞赐七男于我的内襟中，

并乞赐独女于我外襟之中！

如果准许我所奏的这些话，

将名之以七位博罗特，

以奉主上尊贵的香火。”

◆ 献文庙铜爵祭器（局部） ◆

[1] 孟根·移剌古：汉文译作“蒙肯·伊喇古”。

[2] 额系·哈屯：蒙古语“天后”的意思。

◆ 蒙古皇妃图 波斯细密画 ◆

奏毕，归去。乌纳博罗特王听到这些话，由衷地赞许而感泣，遂息其言而退。为叔曾祖母之满都海·彻辰哈屯，戊午年生，年三十三岁，巴图蒙克则甲申年生，年七岁时，定为夫妻相依。是年，岁在庚寅，望其成为大元国之主，号达延可汗，使其即可汗位于额系·哈屯（陵）前。

聪睿的满都海·彻辰哈屯，

上髻其垂髫之发，

以皮櫜载国主达延可汗，

自为前部先锋，

征讨卫拉特四部，战于塔斯·布尔图之地，大加掳获。

其后，满都海·彻辰哈屯生图噜·博罗特、乌鲁斯·博罗特二子，又生图噜勒图公主、巴尔斯·博罗特二人；其后，生阿尔斯·博罗特一人；其后，于阿勒楚·博罗特、瓦奇尔·博罗特二子之妊娠中，卫拉特四部来袭击。满都海·彻辰哈屯出逃时落马，有弘吉喇特的额色里太保、喀（喇）沁的济忽尔达尔罕、巴勒嘎沁的巴彦·布和、阿苏特的巴图·博罗特四人，奋勇向前，扶她乘骑巴雅古特·赛汗的黄马，护其而出时，即孪生其二子。此后，又生阿尔·博罗特一人。大家议论称：

“这是奉额系·哈屯的恩旨，

并由满都海·彻辰哈屯心诚所致。”

于是，设大筵庆贺。

又有扎赉尔的呼图克·西固西之女苏密尔哈屯所生格热·博罗特台吉、格热森扎台吉二人；卫拉特的巴嘎图特鄂托克的阿拉克丞相之子蒙克赉·阿哈拉祜之女，固始哈屯所生斡巴散察·青台吉、格热图台吉二人，共为十一诸汗。

后来听说永谢布的伊斯曼太师肆行寇掠，遣郭尔罗斯的脱郭奇·西固西率兵奇袭，杀伊斯曼太师。催促锡吉尔太后上马时，她因哭悼伊斯曼太师而不上，脱郭奇·西固西大怒，说：

蒙古民族历来对价值高昂的黄金十分偏爱，使用黄金之风盛行，以成吉思汗为代表的蒙古黄金家族更是将黄金视为权力和财富的象征。金银器制造业是蒙古手工业的重要组成部分，来自中原和江南的丝绸也深为蒙古人所钟爱。蒙古贵族对象征长生天的蓝色和白云的喜好，促使白、蓝相间的青花瓷成为元代瓷器中的极品，并且深受阿拉伯国家的喜爱。在这个历史时期，黄金、青花瓷与丝绸共同构成了蒙元时期时尚文化的三大主流。而且，这三大时尚相互影响、相互融合。譬如：当时在丝绸的织、绣工艺中大量运用黄金，其中以金线显示花纹的织金锦最具时代特色，真正达到了“与金同价”。另外，青花瓷的纹饰有一部分就来自纺织物。当时人民普遍爱美服华饰，贵族宴会大量的使用黄金酒杯，骑马使用金马鞍。在贵族们参加的宴会上，每天都要更换一身金锦织的新袍子，诗云“千官入宴尽换袍”就是描写的这种时尚。

“岂不是以为你的赛音济农不如他？

岂不是以为你的儿子达延可汗不如他？

岂不是以为你的察哈尔·图们不够好？

岂不是以为您的仇敌伊斯曼太师为好？”

说罢，（脱郭奇·西固西）摸其朴刀时，（太后）才害怕而上马。大家都嗤笑锡吉尔太后。脱郭奇·西固西遂娶伊斯曼太师的霍罗泰·斡雅罕。接锡吉尔太后回来，见了可汗。

不久，右翼土默特的鄂尔多斯·哈尔哈丹的拜绰豁尔·达尔罕、永

◆ 蒙古大帐备宴图 波斯细密画 ◆

谢布·布里亚特的珠尔嘎岱·莫尔根、土默特·毛明安的多郭兰·阿忽拉祜三位大臣，率三十名从者前来。说：

“我们注定的主子已登上可汗位，

讨平了不愿为臣下的诸仇敌。

依着满都海·彻辰哈屯所祷祝，

生育了七位英俊的博罗特。

因此在圣主之八白室前，燃煌煌之大烛，焚烧馥馥之高香，为科敛六大国的贡赋，请主上的一个儿子为承制的济农而来。”从可汗、哈屯到庶民大众，均称赞其来意。遂以乌鲁斯·博罗特为右翼三图们的济农。遣郭尔罗斯的巴巴海·乌尔鲁克随行。

于是，阿巴海[1]至任，在主上（陵）前称济农，说：“明天叩拜圣主。”当时，永谢布的伊巴赉太师、鄂尔多斯的满都赉·阿哈拉祜二人计议道：“我等何须上官？当自主，可以自行其是。舍弃这个阿巴海吧！”遂唤西宝沁[2]的名叫博勒珠穆尔的人，唆使他说：“明天大家集聚到主上（陵）前叩拜时，你出来指证阿巴海所乘的马是你的，并且跟他争吵，等到激烈时，我们出来一起帮助你！”三人计议停当。第二天早晨，阿巴海骑马来到（主上陵前）时，博勒珠穆尔依前约定，大声喊叫说：“这是我的马！”说着就去争夺阿巴海的马缰。阿巴海生气地说：“松手！以后再商量！”而博勒珠穆尔拽住缰绳不放。阿巴海大怒，用腰剑砍下了他的头。于是，伊巴赉、满都赉二人大怒称：

“今日刚到这里如此这般，

日后我等被他斩尽杀绝。

杀了阿巴海！

赶紧举事讨伐他！”

---

[1] 阿巴海：这里指的是乌鲁斯·博罗特。

[2] 西宝沁：汉文译作“司鹰者”。

◆ 蒙古大汗宴会图　波斯细密画 ◆

鄂尔多斯·哈尔哈丹的拜绰豁尔·达尔罕上前劝阻道：

“我们大家共同商量之后，

派使者前去称：

‘庶众无主怎么行呢？

请可汗派遣一个儿子前来吧！’

而如今抵抗可汗主子，

上天不会佑护咱。”

那些人不听劝告，以伊巴赉、满都赉二人为首，擐甲而来。弘吉喇特的忽哩孙·巴特尔将自己所乘的红沙马交给（阿巴海），说：“群情要变，赶紧避一避吧！”说话间，敌人已到。阿巴海他们避于八白室迎战，鄂尔多斯图们名叫巴雅玛伦的人，射穿伊巴赉之胸。就在阿巴海击倒一个人的一刹那，在其背后的人，射死了阿巴海。

当时，巴尔斯·博罗特·赛音·阿拉克就养于其姑姑伊西格公主之手，寄居在蒙古勒津的忽赛塔布囊家里。当其兄被封为济农时，巴尔斯·博罗特说：“我也同去叩拜主上（陵）。”忽赛塔布囊说：“这个时代哪有可信的事！让这个孩子骑黄骏马，鄂尔多斯的特木尔，你随他的左右，不要离开！”这样，让他们上路了。当恶事发生之机，巴尔斯·博罗特乘其黄骏马，与特木尔二人逃了出来。于是，伊西格公主、忽赛塔布囊二人计议：“我们保护不了这个孩子，当送到他的父亲身边为宜。”寻找护送他的好心人时，有鄂尔多斯的特木尔、乌申的巴嘎苏古里忽尔赤、达拉特的垂·图尔根、乌拉特的推玛克、布哈斯的恩古尔，星胡尔的阿哈岱、蒙古勒津的毕里克图等七人愿往。一个妇女跟随巴尔斯·博罗特的博丹哈屯，携三岁的衮必里格而去；留阿拉坦在蒙古勒津的西尼开·乌尔鲁克、鄂博黑·阿嘎二人处。遂投奔其可汗父亲而去。

在（途中）行粮断了，采山韭野葱充饥。特木尔杀了一只齐和岱[1]作为行粮。因此，达延可汗赐特木尔以太师之号，其同行之七人均封为达尔罕。

遂率兵征讨西部图们，自翁衮山谷口，沿图尔根（河）而下进攻。有达拉特的巴特尔·讷古儿凯缘岸驱群牛，吹号角而来。于是，左翼三图们闻牛蹄声，误以为甲胄声，当成是有旗有角的大军到来，纷纷逃命。

[1] 齐和岱：蒙古语，指的是野骡。

◆ 蒙古王公出行图 波斯细密画 ◆

达延可汗的有角黄马，跃过河水时，摔倒在中流。可汗的盔顶插入淖泥起不来了。当时，别苏特的托欢大呼："御儿马陷住了！"有扎忽特的赛音·查黑察、察干二人回身，下马救出可汗。（将达延可汗）扶上马，继续前行。至夜里，他们找不到谷口，奔山矮处去，很多马鞍脱落。从此，此地被称为"杨噶尔察克·大坝"。

当时，巴特尔·讷古儿凯作歌唱道：

"无端来挑衅的左翼图们，

上天主子已经判明是非。

图尔根·哈屯[1]整倒了他，

拆散了他们的大金屋。"

等达延可汗班师还营之后，伊巴赉、满都赉二人率三万骑而出。当时，忽赛塔布囊藏匿二人于其军中，前往告知达延可汗，遂纷纷迁走。（伊

[1] 图尔根·哈屯：这里指的是图尔根河。

巴赉、满都赉等）尾追到嘎海·额勒森之地，攻掠克什克腾、克木齐古特二部而还。

忽赛所遣的二人，上奏可汗："您的兵归来时，我们的巴特尔讷古儿凯做这样此的歌。"可汗听说后，大怒，前往叩拜天父主子（之陵）说：

◆ 黑纛　元代 ◆

"伊巴赉、满都赉二人突起恶念而为敌，

乌鲁斯·博罗特·阿巴海无辜被害死了，

巴特尔·讷古儿凯出大言而责难我，

愿我天父主子明鉴而断处之。"

既祷告天父主子，洒奠拜毕，率左翼三图们及阿巴嘎科尔沁等部出征。

当时，右翼三图们听到可汗出征，也起兵迎于达兰·特哩衮[1]之地。交战时，可汗降旨道："鄂尔多斯是守护主上八白室、受大命的人。乌梁海也是守护主上金柩、受大命的人。他们和科尔沁·阿巴嘎共同抵挡之，十二土默特则由十二部哈勒哈（亦写作喀尔喀）抵挡之，大永谢布则八部察哈尔抵挡之。"计议已定，开战时，科尔沁的鄂尔多海诺颜之子布尔海·巴特尔台吉、乌梁海的巴特尔·巴雅海、扎忽特的赛音·查黑察、五部哈勒哈的巴哈孙·塔布囊、克什克腾的巴特尔·乌噜木五人打前锋。哈勒哈攻打土默特，察哈尔攻打永谢布时，有鄂尔多斯·哈尔哈丹的拜绰豁尔·达尔罕、辉特

[1]　达兰·特哩衮：这里指今大青山。

的达尔玛·达尔罕、哈里古沁的斡塔哈齐·浑杜伦、土默特·杭锦的阿勒楚赉·阿哈拉祜、弘吉喇特的巴特尔·忽哩孙、永谢布·布里亚特的索克唐古·布拉杭古、喀喇沁的茫古勒岱·和硕齐七人会合，呼名而来，为首的人攻入乌梁海军中，冲杀过来时，巴尔斯·博罗特·赛音·阿拉克（亲）率四十员战将而入，杀过土默特军中，自鄂尔多斯军背后扑袭而至。正在冲杀间，鄂尔多斯军的旗手蒙和忽知道是赛音·阿拉克便说："可汗·额占的黑纛啊！应当归属于可汗后裔！"遂执纛反戈。于是，赛音·阿拉克叫他仍旧持纛立于原处。正在追逐乌梁海的鄂尔多斯军望见黑纛而误投，死了多半。于是，右翼三图们有的投降，有的逃跑了。达延可汗一直追到青海湖，尽收其三万之众，杀鄂尔多斯的满都赉·阿哈拉祜于那沁捏·柴达木之地。从此以后，此地被命名为阿哈拉祜·柴达木。永谢布的伊巴赉太师只身逃出，困惫而行，进入白帽哈密城，为人所杀。

◆ 八思巴文铜印 ◆

这样，达延可汗将右翼之众全部收服，平定其六个图们，统一了大国。（达延可汗）于主上（陵）的八白室前宣告其可汗之号，称："我十一子中的长子图噜·博罗特，其子博迪·阿拉克，当守护我的可汗位。我的有功之子巴尔斯·博罗特，因为给我收服了右翼三图们。所以，令其为右翼三图们的济农[1]！"这样，令赛音·阿拉克[2]为镇守右翼三图

[1] 济农：是"晋王"的谐音。在元代开始封晋王于蒙古地区。

[2] 赛音·阿拉克：这里指的是巴尔斯·博罗特。

们的济农。又赐护送博勒忽济农的四人，帮助满都海·彻辰哈屯的四人，效力于赛音·阿拉克的七人，夺取达延可汗而善为抚育的唐拉噶尔的特木尔·哈达克，害阿巴海[1]时曾经劝阻的哈尔哈丹之拜绰豁尔·达尔罕，献给阿巴海以自己所乘的红沙马的弘吉喇特的巴特尔·忽哩孙，献刀给阿巴海而使他避于主上（陵）的家臣鄂尔多忽特太师，射穿伊巴赉之胸的巴雅玛伦[2]达尔罕，在达兰·特哩衮战斗中为前锋而冲进右翼军阵的五人为首，凡所效力的人们均赐以岱达尔罕[3]的尊号，并赐通行的大红金印。满都海·彻辰哈屯的独生女儿图噜勒图公主嫁给扎鲁特的巴哈孙·达尔罕·塔布囊。

由是，因为以乌梁海的格根丞相、托克台·哈喇·忽拉特等为首的乌梁海图们叛走。达延可汗率察哈尔、哈勒哈二部进行征讨，并遣使告知其子巴尔斯·博罗特济农率领右翼三图们来助战。即与乌梁海图们交战时，有左翼图们的哈勒哈·扎鲁特的巴哈孙·达尔罕·塔布囊、察哈尔·扎忽特的赛音·查黑察之子恩赫呗·浑杜伦、哈什哈二人和右翼图们的鄂尔多斯·哈尔哈丹的拜绰豁尔·达尔罕、土默特·杭锦的阿勒楚赉·阿哈拉祜四人率前部迎战。（他们）破乌梁海的行军大阵，收取其部大众，

[1] 阿巴海：这里指的是乌鲁斯·博罗特。

[2] 巴雅玛伦：汉文称“巴雅里滚”。

[3] 据有关文献记载，此时的岱达尔罕，因为立下特殊功绩，享受免除差役的特权。

《大元大一统志》，为元朝官修地理总志。元世祖至元二十二年（1285 年）由札马剌丁、虞应龙等开始编纂，于至元三十一年完成初修稿七百五十五卷。稍后又得《云南图志》《甘肃图志》《辽阳图志》，因而继续重修，由孛兰肹、岳铉等主其事，至成宗大德七年（1303 年）全书始正式告成，凡六百册，一千三百卷，定名为《大元大一统志》。书成后，藏于秘府，元顺帝至正六年（1346 年）始由杭州刻版，许有壬为之作序。

该书所志各路、州、县事，继承唐《元和郡县图志》、宋《太平寰宇记》《舆地纪胜》等书体例，分为建置沿革、坊郭乡镇、里至、山川、土产、风俗、古迹、宦迹、人物、仙释等部分。本书内容广泛，包罗详备，是中国古代最大的一部舆地书。

并入其余五部之中，取消其图们之名。

由是，达延可汗统一六个图们致大蒙古国于太平欢乐之中。（他）在位七十四年，岁在癸卯，年八十岁归天。

其子图噜·博罗特、乌鲁斯·博罗特二人壬寅年生，图噜勒图公主、巴尔斯·博罗特二人甲辰年生，阿尔斯·博罗特[1]、瓦齐尔·博罗特二人庚戌年生，扎赉尔哈屯所生格热·博罗特、格热森扎台吉辛（壬）寅年生，卫拉特的忽赛哈屯所生斡巴散察·青台吉、格热图台吉乙亥[2]年生，

[1] 阿尔斯·博罗特：即前面所述的“阿勒楚·博罗特”。

[2] 乙亥：汉文作“辛亥”。

◆ 蒙古士兵行军图（局部） ◆

图噜·博罗特岁在癸未，年四十二岁，可汗在世之时逝。其子博第台吉甲子年生，岁在甲辰，年四十一岁，即可汗位。

科尔沁的巴特尔·摩罗寨建言："右翼三图们对谁有益啊？或可攻取而遣散他们，或可将他们合并到左翼图们之中，分了吧！"博迪·阿拉克可汗赞许他的话，正要商议征讨右翼图们之时，其母亲察哈昌·囔囔太后[1]降旨劝止说："你们商议要合并右翼三图们吗？在过去，科尔沁的鄂尔多海王大破达兰·特哩衮之阵后，曾经谏劝：'如果继续让这

[1] 察哈昌·囔囔太后：汉文译作"察噶青·安桑太后"。

◆ 元代亦集乃路城内的佛塔 ◆

右翼三图们在一起的话，必成害我们子孙后代的祸根。若将察哈尔、巴扎尔二中心部合二为一，合大永谢布于我二十万科尔沁，合十二土默特于十二部哈勒哈，则可久安啊。’当时，你贤明的祖父降旨说：

‘寻找杀我儿子的仇人，

已处置伊巴赉、满都赉二人。

破坏昔日四十万蒙古所余

仅此六图们之众的话，

作为天下共主的我，

有什么功绩可言！’

如此指责了他们。今你以为自己胜过祖父而毁其旨意吗？是不是要吞并（右翼）三图们？一则要毁你贤明祖父所定的大国，太平玉宇的朝政吗？一则听说赛音·阿拉克的长子衮必里格·莫尔根济农的仲子布扬忽里·杜拉尔·岱庆者，见敌则抑制不住自己，让人家压住自己而擐甲，无人能敌的大英雄。（赛音·阿拉克的）仲子阿拉坦之子僧格·都楞·特木尔，着全副甲胄而能腾越台拉克驼[1]。莫尔根济农的另一子诺姆·塔尔尼·高瓦台吉之子呼图克台·彻辰台吉者，且能预知过去未来之贤哲。布扬忽里·杜拉尔·岱庆之子伯勒格·太崩台吉者，张弓可以使两胛相撞，因此，他常带背垫而行，且能射断疾驰之狐狸的尾巴。其弟布尔赛·哈丹·巴特尔者，能射穿三重铁锹……如果挑衅他们，打得胜还可以，打不胜的话，将彼此同归于尽啊！”博迪·阿拉克可汗听从母后的旨意，遂止其所议之事，致力于大国的太平，（他）在位四年，岁在丁未，年四十四岁崩。

黑山头古城——哈撒儿的城池：

黑山头古城位于呼伦贝尔额尔古纳市黑山头镇正北25公里，为全国重点文物保护单位。根据考古调查和考古工作者的研究，有人认为该城可能为成吉思汗弟弟哈撒儿及其家族居住的主要城池之一，始建于蒙古汗国早期。该城由内城和外城组成，外城近方形，墙体周长2355米，面积为34.6万平方米。内城略偏西北，呈长方形，墙体周长560米，总面积约1.89万平方米。

其子为达赉逊台吉、忽格楚台台吉、翁根·杜拉尔台吉。达赉逊·库登台吉甲辰年生，岁在戊申，年二十九岁，于八白室前称可汗号。与右翼三图们和睦结盟而归。当时，阿拉克的次子阿拉坦来迎接，说：“您

[1] 台拉克驼：蒙古语，指3～5岁的雄驼。

◆ 人马图 ◆

已取得可汗之号，已平定天下了。此有扶助可汗朝的西图[1]可汗之诸小汗号，请将此号赐予我，我愿作为大国之藩屏。”可汗赞许而赐予阿拉坦“西图可汗”之号而还。

库登·可汗之号，远扬大国百姓。平定玉宇朝政，致大国于和熙。然而，大限已至，岁在丁巳，库登·可汗年三十八岁崩。

其子图们台吉、中图台吉、塔尔尼·巴嘎·达尔罕、岱庆台吉四人[2]。图们台吉己亥年生，岁在戊午，年二十岁即位。岁在丙子，年三十八岁，与盘刀者噶尔玛喇嘛相见，入其教门。聚六个图们的大众，为也克·朝克齐开光，命左翼图们的察哈尔之阿木台洪台吉、哈勒哈之卫征苏布海，命右翼图们的鄂尔多斯之呼图克台·彻辰·洪台吉、阿苏特的诺木达喇·忽勒齐诺颜、土默特的楚噜克洪台吉等人执政。[3]（因此）天下称其为札萨克图可汗，致其大国于太平，征赋于女真、阿里古特、

[1] 西图：蒙古语，意思是用精神去依靠。图西则是指用身体去依靠。古代匈奴朝有“屠耆王”，汉语解释为“贤王”。“屠耆王”是匈奴单于所依靠的靠山，也就是图西王。后来北方民族的“投下”“投降”“图什业”“图谢”均来源于此。“西图可汗之诸小汗”也就是其中一个变体。

[2] 图们台吉、中图台吉、塔尔尼·巴嘎·达尔罕、岱庆台吉四人：汉文作“图们台吉、达赖巴嘎达尔罕、岱庆台吉三人”。

[3] 这里隐去了阿拉坦汗请三世达赖喇嘛来蒙古，获得其赐封的“可汗”号，六图们之主纷纷获取“可汗”之号，导致蒙古各部进入“各自独立”状态的史实。这是图们的“札萨克图”之号的真正来源。

达吉古儿[1]三部，使人民大众安居乐业。他在位三十五年，岁在壬辰，年五十四岁崩。

其子布彦台吉，弟兄十一诸汗。长布彦台吉乙卯年生。岁在癸巳，年三十九岁即可汗位，天下称彻辰可汗，以政教致大国于太平。岁在癸卯，年四十九岁崩。

其子蟒古斯台吉[2]、拉布格尔台吉、茂乞塔特台吉三人。长子蟒古斯台吉在其父亲在世时已逝。

蟒古斯的儿子有林丹·巴特尔台吉、桑噶尔济·斡特汗台吉二人。兄林丹·巴特尔台吉辛（壬）辰年生。岁在癸（甲）辰，年十三岁即可汗位，天下称其为呼图克图可汗。在麦达哩法王卓尼确尔吉等处，受精深密乘之灌顶，扶持宗教。岁在丁巳，年二十六岁时，（他）会萨迦·达克禅·萨尔巴·呼图克图[3]，又受精深密乘之灌顶，还兴建了瓦奇尔图·察干·浩特[4]的宏伟宫殿，内修以释迦牟尼尊者为首的寺庙多座。只用一个夏天，诸工告成，内中佛像亦具塑就，依旧制整建（政教）二政之际，然因五百年之末运势已近，分散

◆ 元世祖出猎图（局部） 刘贯道 元代 ◆

[1] 达吉古儿：达斡尔的古代写法。

[2] 蟒古斯台吉：汉文音译作“莽忽克台吉”。

[3] 萨迦·达克禅·萨尔巴·呼图克图：汉文译作“萨斯嘉·班禅·希喇卜·呼图克图”。

[4] 瓦奇尔图·察干·浩特：蒙古语，意思是“金刚杵白色城”。其遗址在今赤峰市阿鲁科尔沁旗罕苏莫苏木。

在六个大国的达延可汗之子孙，诸汗亲族及所属大国中，多生背离朝之事。因此，很难维护其太平天下之朝政了。正如古谚所说：

可汗怒则毁其政，

大象怒则毁其城。

因可汗心中生嗔，而失六大国于大清之手。（呼图克图可汗）在位三十一年，岁在甲戌，年四十三岁，天禄告终。这是达延可汗长子图噜·博罗特所传诸可汗的政统。次子乌鲁斯·博罗特无嗣。

先时，巴尔斯·博罗特·赛音·阿拉克据右翼图们的大部。阿尔苏·博

◆ 元代应昌路古城 ◆

◆ 蒙古骑兵作战图 ◆

罗特·莫尔根洪台吉[1]据七万土默特之众，阿勒楚·博罗特据内五鄂托克哈勒哈之上，格热·博罗特[2]据北部七鄂托克哈勒哈之上，瓦奇尔·博罗特据察哈尔八鄂托克的克什克腾之上，格热森扎[3]据察哈尔的敖汉、奈曼之上，阿尔·博罗特据察哈尔的浩奇特之上，斡巴散察据阿苏特、永谢布二部之上，格热图台吉无嗣。

那位巴尔斯·博罗特有子衮必里格·莫尔根济农、阿拉坦可汗、拉布克台吉、巴雅思哈勒·浑都楞可汗、巴彦达喇·纳琳台吉、博迪答喇·鄂特罕台吉、塔喇海台吉七人。

长子衮必里格·莫尔根济农丙寅年生，据鄂尔多斯图们之上。

阿拉坦可汗丁卯年生，据十二鄂托克土默特的大部之上。

拉布克台吉己卯年生，据土默特的乌申鄂托克之上。

巴雅思哈勒庚午年生，据永谢布的七鄂托克喀喇沁之上。

巴彦达喇壬寅年生，据察哈尔的察干·塔塔尔之上。

博迪答喇甲戌年生。他小时候曾经歌唱道："阿济、西拉二人相攻，我据阿苏特、永谢布二部。"后来，果真如其所唱，斡巴散察青台吉之

[1] 阿尔苏·博罗特·莫尔根洪台吉：汉文音译作"阿尔萨·博罗特·墨尔根洪台吉"。

[2] 格热·博罗特：汉文音译作"格呼森扎"。

[3] 格热森扎：汉文音译作"格呼·博罗特"。

◆ 元朝宫廷乐队 ◆

子阿济、西拉二人相攻，因阿济杀其弟弟而被惩罚，而西拉无子被害，众以为歌谣应验，遂使博迪答喇据阿苏特、永谢布之上。

塔喇海幼时已逝。

先时，他们的父亲赛音·阿拉克岁在壬申，年二十九岁为济农，在位二十年，岁在辛卯，年三十八岁薨。

之后，衮必里格·莫尔根济农岁在辛（壬）辰，年二十七岁为济农，与弟阿拉坦可汗二人，率右翼三图们征讨乞塔特地方。在音达噶口，与乞塔特军相遇而交战。莫尔根济农之子布扬忽赉·杜拉尔·岱庆和阿拉坦可汗之子僧格·都楞·特木尔二人一起冲进乞塔特军阵，三进三出，打破音大噶之大阵而还。

那位衮必里格·莫尔根济农的大夫人，土默特·杭林[1]之爱兰·萨齐尔之女唐苏克生诺颜达喇济农、拜桑忽尔郎台吉二人；

哈勒哈·扎赉尔的额森·希格沁[2]之女额希格叔母夫人生卫达尔玛·诺木罕诺颜；

土默特·蒙古勒津·彻古特的忽赛塔布囊之女阿拉坦楚·赛音哈屯生诺姆·塔尔尼高阿台吉、布扬忽赉·杜拉尔·岱庆、巴扎拉·韦章诺颜、巴达玛·散巴瓦·彻辰巴特尔四人；

永谢布的伊巴赉太师之女阿穆尔扎哈屯生阿木达喇·达尔罕诺颜、翁喇罕·伊勒登诺颜二人，以上为九位可汗。由是莫尔根济农在位十九年，岁在庚戌，年四十五岁逝。

莫尔根济农的儿子诺颜达喇辛（壬）午年生，岁在辛亥[3]，年三十岁为济农。于是，九汗析产也，诺颜·达喇济农，据有四营；拜桑忽尔癸未年生，据右翼格古特·西宝沁、乌拉特·唐古特二部；卫达尔玛癸未年生，据有右翼达拉特·杭林、莫尔吉特·巴哈嫩二部；诺姆·塔尔

[1] 土默特·杭林：汉文音译作“土默特·杭锦”。

[2] 额森·希格沁：汉文音译作“额森·参津”。

[3] 岁在辛亥：汉文作“岁在壬亥”。

尼甲申年生，据有右翼别苏特、乌申二部；布扬忽赉丙戌年生，据有右翼伯德金、哈留沁二部；巴扎啦戊子年生，据有左翼浩奇特、赫里也斯二部；巴达玛·散巴瓦庚寅年生，据有据有左翼察哈特、明嘎特、浩尼沁[1]、忽雅忽沁四部；阿木达喇辛卯年生，据有右翼四鄂托克维吾尔津；翁喇罕癸巳年生，据有右翼三鄂托克阿玛海。

◆ 蒙古族图案 ◆

诺颜达喇之子布彦巴特尔洪台吉、诺姆图·都楞诺颜、鄂木布·达赖诺颜、余巴西·鄂特罕诺颜以及赛音哈屯所生的蟒古斯·楚忽尔诺颜五人，拜桑忽尔之子爱达必斯·达延诺颜、奥巴·卓哩克图诺颜、塔哈吉·宰桑诺颜、浑杜伦诺颜四人，卫达尔玛之子迭给·和硕齐洪台吉、海努克·巴特尔诺颜、阿济雅·浑杜伦岱庆、楚噜克·青巴特尔、陶吉·彻辰·红格尔、忽斯勒·韦章·卓哩克图六人，诺姆·塔尔尼·高阿台吉的诺衮·特古斯哈屯所生之呼图克台·彻辰·洪台吉、布彦·达喇·浩拉齐·巴特尔、赛音·达喇·青巴特尔以及德勒格尔哈屯所生之阿木岱·莫尔根·台吉共四人，布扬忽赉的托孙珠拉哈屯所生之伯勒格·太崩诺颜、布尔赛·彻辰岱庆二人，巴扎啦的珠拉哈屯所生多尔吉·达尔罕岱庆、中杜赉·韦章诺颜、恩赫·和硕齐诺颜三人。巴达玛·散巴瓦的阿拉坦·珠拉哈屯无子，因商议：“为什么要瓜分我巴达玛呢？不能孤立我们贤明哈屯母亲，让巴扎拉的多尔吉据有四

[1] 浩尼沁：汉文译作“科尔沁”。

鄂托克吧！”其三位兄长合议既定，令居四鄂托克之上为达尔罕·岱庆。阿木达喇之子图迈·达尔罕岱庆、明海·额叶齐诺颜、余巴西台吉三人，翁喇罕之子乞济其·伊勒登诺颜、贝巴哩诺颜、呼图克台吉三人。

自是，阿拉坦可汗岁在辛（壬）子，行兵卫拉特。在宏辉·扎卜罕之地，杀八千辉特的诺颜玛尼·明嘎图，收服其妻子吉格很·阿海和托海、布赫古台二子及其属众，席卷四卫拉特，使其归于自己的直辖。之后十九年间，行兵于取城的乞塔特地方，残破其国，循行各地。而奇塔特国很害怕，遣使来与阿拉坦可汗以顺王之号并金印请和。于是，岁在辛未，阿拉坦可汗六十五岁时，与大明隆庆（可汗）讲和，开启不胜负荷的大仓之门。

岁在癸酉，（阿拉坦可汗）年六十七岁时，行兵哈喇·吐蕃特之地，收服上下西拉·维吾尔二部，下阿达克·喀木[1]的阿哩克·桑噶尔齐斯吉巴[2]、绕·伦布木[3]、萨尔唐·萨陵司格布[4]等诺颜及其国人。领来阿兴喇嘛、古密·舒格大师[5]二人为首的吐蕃特众人。

之时，阿兴喇嘛向可汗反复解说三恶道中轮回之宇宙之苦难，超生色究竟天之善果，宜取宜舍之分界。于是，可汗心中略明遵循经义之意，开始诵读六字心咒。与此同时，呼图克台·彻辰·洪台吉庚子年生，岁

[1] 阿达克·喀木：汉文音译作“阿木图·喀木”。

[2] 阿哩克·桑噶尔齐斯吉巴：汉文音译作“阿哩克·萨噶尔齐斯吉巴”。

[3] 绕·伦布木：汉文音译作“喀噜卜·伦布木”。

[4] 萨尔唐·萨陵司格布：汉文音译作“萨尔唐·色哩克·克卜”。

[5] 阿兴喇嘛、古密·舒格大师：汉文作“阿哩克喇嘛、固密·肃噶师”。

《庚申外史》，元末明初权衡著，是记载元顺帝妥懽帖睦尔时期（1333—1368年）史事的编年体史书，又名《庚申帝史外闻见录》《庚申大事记》。庚申帝即元顺帝妥懽帖睦尔，因生于元仁宗爱育黎拔力八达庚申年，故名。该书分上、下两卷，约著成于洪武初年。作者生当元末，又居住在中原地区，耳闻目睹元末朝廷政事、农民起义情况，所记较为客观真实，具有很高的史料价值。

◆ 释像图（局部） ◆

在辛（壬）戌，年二十三岁时，行兵卫拉特。到额尔齐斯河攻打土尔扈特部，杀死哈拉·布兀喇，在他们的火灶之上插自己的黑纛，收服锡哩比斯[1]、土尔扈特二部的一部分部众而班师。

由是，岁在丙寅，（呼图克台·彻辰·洪台吉）年二十七岁时，行兵吐蕃特地区，驻营于西里木吉的三河汇合口，遣使致大布尔萨喇嘛、常萨喇嘛[2]、达尔罕喇嘛以及斡松杜尔·希格沁[3]、阿拉坦·希格沁等称："如果你们投降于我，我们可以奉经教；如果不投降，我们就要攻打你们！"他们听到后，非常害怕，说私下议论议论。结果，过三宿而不回答。呼图克台·彻辰·洪台吉的二位弟弟道："这样我们还等待什么啊？马上攻打他们吧！"其兄彻辰·洪台吉说："明天早晨太阳升起的时候，一定会来三个喇嘛，他们中间坐的一个喇嘛与我进行热烈的议论。再等待片刻吧！"到第二天早晨，果然来了三个喇嘛。坐于中间的达尔罕喇嘛与彻辰诺颜正在讨论，彻辰诺颜问他："在你们的族人中，是否有个叫瓦奇尔·托迈·桑格斯巴的人？"他回答说："我们中间没有这个人。"

[1] 锡哩比斯：汉文音译作"辛必斯"。

[2] 常萨喇嘛：汉文音译作"禅师喇嘛"。

[3] 斡松杜尔·希格沁：汉文音译作"乌松都尔·三津"。

(彻辰·洪台吉)说:“你们马上回去，率众投降吧！我们不加害于你们！”这样相约而归去。

第二天早晨，瓦奇尔·托迈·桑格斯巴正自放牧。忽见一位须眉间射出火焰的人跨虎追来。他将所见之事告诉大家，其叔父达尔罕喇嘛说：“昨天见的那个彻辰诺颜，好像不是一般人。可能是他显现一点神通了！我们不能让他避匿了，和我一起去见他。”就领他前去和（彻辰诺颜）见面。（瓦奇尔·托迈·桑格斯巴认出）他就是昨天跨虎追他的那位诺颜。他们相见之后，好像很久以前就认识的样子，（彻辰诺颜）降旨道：“桑格斯巴！你为什么要回避我？你如果不是化作白凤而去，我当时就可以抓住你了！”达尔罕喇嘛说：“看看，我不是说过吗！”

于是，彻辰诺颜收服三河地方的吐蕃特而安置了他们，携带勒尔根喇嘛、阿斯达克·赛汗班第、瓦奇尔·托迈·桑格斯巴三人回蒙古地方；赐瓦奇尔·托迈以名叫乌哈珠·沁丹的妻子，并赐国王·浑津之号，封为群臣之首。

布彦·达喇·浩拉齐·巴特尔辛（癸）寅年生，年三十一岁；赛音·达喇·青巴特尔乙巳年生，年二十八岁时，岁在壬申，行兵于托克玛克，

◆ 释像图（局部） ◆

◆ 呼和浩特大召（无量寺）僧人听经图　壁画 ◆

至西喇木仁[1]，攻阿克萨尔可汗，掠夺其人畜，擒拿其夫人，青巴特尔自纳名叫朝凯的哈屯而班师。回到尼楚衮·哈苏鲁克之地，阿克萨尔可汗率兵十万追了上来；布尔赛·岱庆丙寅年生，年二十七岁；彻辰·洪台吉的长子乌力吉·伊勒都奇丙辰年生，年方十七岁。三人当先攻击，冲动其右翼，战到酣处，浩拉齐·巴特尔杀了进来，对方射死了他所骑的战马。他换乘别的战马而战，马的膝盖上又中箭而倒下。正在这时，他们的殿军被冲杀而败，青巴特尔前来支援其兄而战死。彻辰岱庆[2]、布哈斯的杜尔贝·巴特尔、哈尔哈丹的陶克塔嘎太师等人率七位从者，

[1]　西喇木仁：汉文译作“锡喇河”。

[2]　彻辰岱庆：就是上面出现的布尔赛·岱庆。

步战而得脱。

乌力吉·伊勒都奇所乘之马也中箭而倒，仍以全副甲胄步行而战。阿巴海·吉鲁根让给他自己牵来备马，（乌力吉·伊勒都奇）由其右侧跃上。（不久）又丧其马，仍步行拒战。哈尔哈丹的赛音·海努克侍卫遇见了他，将自己所乘之马献给他。（乌力吉·伊勒都奇）乘其马而立，叫他叠骑。赛音·海努克道："我有一个儿子，名叫巴雅尔，请您爱护他！不用顾我了！"说罢，回头冲进敌阵而被杀。（乌力吉·伊勒都奇）乘其马而杀出敌阵。

◆ 骑士锁子甲 清代 ◆

于是，彻辰·洪台吉岁在癸酉，年三十四岁出征。从赛音哈屯所属四营五宫的五部先锋中精选七百名精兵而行，至哈苏鲁克地方复仇。托克玛克的阿克萨尔可汗率兵十万迎战于额席勒·道布之地。彻辰·洪台吉下令："不论什么人，谁也不得先我入此阵，我必须要自己打先锋。"遂乘博罗忽察的红骏马，身披描金象皮大红护身甲，当先攻入敌阵。那边敌军阵营的人们，看见对面军营主将，须眉间放射火焰，两队黑马足下冒着火焰飞腾而来，对方军士阵脚大乱，大败而逃。双方直杀得积尸如山。（他们）从中识取青巴特尔的甲胄，生擒阿克萨尔之子三苏勒坛，分别惩戒之后，放了回去。如是报了二弟的仇。

岁在甲戌，博彦巴特尔洪台吉听说兄弟们征讨卫拉特四部的消息，

把辎重安置在别尔库勒之地，齐征卫拉特四部。当时，巴特尔洪台吉在哈尔海（山）前，收服额色勒贝·乞雅[1]为首的八万辉特[2]部之际，彻辰·洪台吉则在扎拉曼罕山北掳掠哈木苏、图哩德忽[3]为首的巴嘎图特部。乌力吉·伊勒都奇追逐三个月之久，因行粮断绝，以叫博啦·图列的石头[4]为食而行，至托卜罕山之阳，掳掠以绰尔哈斯[5]的巴扎啦、希格沁[6]为首的杜尔伯特·鄂托克[7]而还。

于是，（他们）各自起营，齐聚归来之际，彻辰·洪台吉自布隆吉

[1] 额色勒贝·乞雅：汉文音译作“额色勒贝侍卫”。

[2] 八万辉特：汉文作“奈曼明安辉特万户”。

[3] 哈木苏、图哩德忽：汉文音译作“喀木苏、陶里图”。

[4] 博啦·图列的石头：汉文音译作“别尔吉勒帖石”。

◆ 内蒙古鄂尔多斯康巴什新区乌兰哈达广场蒙元统帅与军队雕塑（局部） ◆

[5] 绰尔哈斯：汉文音译作“绰罗斯”。

[6] 巴扎啦、希格沁：汉文音译作“必齐呼、锡格沁”。

[7] 杜尔伯特·鄂托克：汉文译作“四营”。

尔之地，遣以别乞·彻辰·扎雅赤[1]、吐蕃特·哈斯哈·扎雅赤[2]二人为首的使者，告诫说："额色勒贝·乞雅的双目似兀鹫[3]眼，不是一般的人。析其八万辉特部，分散他的势力吧！"巴特尔洪台吉不赞成他的告诫，命使臣坐于帐外。额色勒贝·乞雅对两位使臣说："彻辰·洪台吉很是爱我。"并从锅里取出八条长马肋，给二位使臣。等二位使臣回去后，巴特尔洪台吉[4]对额色勒贝的无礼大为震怒，解整马之背连长肋四条及胛给他，斥责额色勒贝·乞雅说："你必须吃完它！你胆敢对我'染指于乳，投杆于群'竟敢伸手从我的锅里取肉！夺我的意志送给别人？"夹其指头而命令他吃掉。卫拉特四部的人们看到这种情况，纷纷议论起来。额色勒贝·乞雅吃尽那些肉，出来愤愤说："哼！我吃的不是马肋八条，而吃了我父亲苏岱·明安图的八肋啊！"说罢，狠狠地顿足而去。即夜起兵而来，杀死巴特尔洪台吉于赫尔彻巴克河[5]上。之后，额色勒贝·乞雅反叛而去。

◆ 五子登科图　内蒙古锡林郭勒盟多伦县砧子山出土 ◆

[1] 别乞·彻辰·扎雅赤：汉文音译作"伯乞·彻辰卜者"。

[2] 吐蕃特·哈斯哈·扎雅赤：汉文音译作"图伯特·哈斯噶卜者"。

[3] 兀鹫：汉文译作"水鸡"。

[4] 原文称"彻辰·洪台吉"：误。应该为"巴特尔洪台吉"，依全文改正之。

[5] 赫尔彻巴克河：汉文作"克尔齐逊河"。

由是，诺颜达喇济农在位二十三年，岁在甲戌，年五十三岁逝。

布彦巴特尔洪台吉有子博硕克图济农、乌力吉·丙图洪台吉、班弟·莫尔根·卓哩克图三人。

诺姆图·都楞有子班弟·都楞、满珠锡哩二人。

鄂木布·达赖诺颜无子。

余巴西·鄂特罕·巴特尔与其忽德台·色仍二子组成了翁牛特[6]部。

蟒古斯·楚忽尔有子博纳班·洪巴特尔、博达锡哩·伊勒都奇、本巴台吉、阿巴乃·敖特根·卓里克图、本布岱·岱庆、布彦岱台吉六人。

◆ 石雕像　东乌珠穆沁旗文管所藏品 ◆

爱达必斯·达延诺颜有子阿奇图·达延诺颜、额成黑·丙图诺颜、玛吉格·鄂特罕诺颜三人。

奥巴·卓哩克图有子哈南达·和硕齐诺颜[2]、绰克图台吉、阿木·僧格台吉、道尔吉岱庆、图巴·叶勒登[3]五人。

塔哈吉·宰桑有子班崇洪台吉。

浑杜伦有子贝玛图[4]。

迭给·和硕齐洪有子乞塔特·洪台吉、喇嘛·瓦奇尔·叶勒登[5]、

[6] 翁牛特：汉文音译作“翁里固特”。

[2] 哈南达·和硕齐诺颜：汉文音译作“阿南达·和硕齐诺颜”。

[3] 图巴·叶勒登：汉文音译作“图巴·扎勒丹”。

[4] 贝玛图：汉文音译作“博亦玛图”。

[5] 喇嘛·瓦奇尔·叶勒登：汉文音译作“喇嘛瓦齐尔格隆”。

图们·达哩·彻辰·和硕齐三人。

海努克·巴特尔有子乞塔特·岱·巴特尔、古哲格其·浩拉齐、图美·莫尔根·诺颜、余巴西·诺颜、忽森泰·诺颜五人。

阿济雅·浑杜伦·楚忽尔有子卫玛孙·宰桑·和硕齐、散寨·楚忽尔诺颜二人。

陶吉·彻辰·红格尔有子乌努衮洪台吉、伊稀根洪台吉、锡班达喇台吉、额斯格勒台吉四人。

楚噜克·青·巴特尔有子哈丹巴特尔、青巴特尔二人。

忽斯勒·韦章有子道尔吉·韦章、萨囊·彻辰·洪台吉二人。

呼图克台·彻辰·洪台吉有子乌力吉·伊勒都奇·达尔罕·巴特尔、希德台·彻辰·楚忽尔、忽德台·丙图·岱庆、布彦岱·彻辰·卓里克图、本布台·绰克图台吉、本巴锡哩·彻辰、塔纳锡哩·哈丹·巴特尔七人。

布彦达喇·浩拉齐巴特尔有子蟒古斯·额尔德尼·浩拉齐。

赛音·达喇·青巴特尔无嗣。

阿木岱·莫尔根台吉有子图雷·青·浩拉齐。

伯勒格·太崩有子那沁·太崩诺颜。

布尔赛·太崩有子萨岱·顾师·洪台吉、萨吉·巴特尔·洪台吉、卫拉特·莫尔根·诺颜、额嘚·叶勒登·和硕齐、察忽·莫尔根卓里克图、色仍·哈丹·巴特尔、巴嘎图特台吉七人。

多尔吉·达尔罕·岱庆有子明海·青·岱庆。

中杜赉·韦章诺颜有子拉西·韦章·洪台吉、达赖·宰桑、西喇卜·绰克图、翁辉·楚忽尔、阿尔山台吉、阿班岱台吉六人。

恩赫·和硕齐有子萨吉·和硕齐、希德坛·楚忽尔、博玛达尔台吉三人。

图迈·达尔罕·岱庆有子本贝·岱庆诺颜、本巴锡哩台吉、柴拜台吉、阿盖台吉、萨勤台吉、额楞黑台吉、本布台吉、图雷台吉八人。

明海·额叶齐有子布彦台·尹吉诺颜、恩克锡哩台吉、蒙克锡哩台

吉三人。

乞济其·伊勒登有子贝玛图·诺颜、宰桑·诺颜、宰桑胡尔·浩拉齐、衮布台吉四人。

呼图克台吉有子必巴·岱庆、博多尔·彻辰·卓里克图、博勒珠穆尔台吉三人。

余巴西·台吉有子博达锡哩·洪台吉、额莫格勒台·岱庆、额勒拜台吉、恩克台吉、恩克锡哩台吉五人。九位汗的这些子孙诸台吉，乃次第而生。

自博彦巴特尔·洪台吉被害之后，呼图克台·彻辰·洪台吉于乙亥年班师回籍，乃下命令称：

“其父亲在家而归天，

其儿子在战场被害，

如今八白室不能无奉祀。”

遂将博硕克图，乙丑年生，岁在丙子，年十三岁时立为济农。

◆ 备茶图　元代 ◆

是岁，呼图克台·彻辰·洪台吉年三十七岁，见其叔父阿拉坦可汗上奏：

“既报昔日乞塔特人掠城之仇，复又与乞塔特国统一了朝政。次报卫拉特四部之仇，降服他们而取其国政。如今可汗您年事已高，逐渐趋

◆ 石刻印经板　元代 ◆

于衰老。贤者们曾言：‘有益于今生及后世二者，唯有经教。’听说这西方永雪之地，有大慈观世音菩萨之真身。请他来，以效昔日忽必烈·彻辰可汗与呼图克图·八思巴喇嘛[1]二人之例，而建立政教，岂不是一件奇事吗？”阿拉坦可汗深深地赞许，遂与右翼三图们协商，即此丙子年，遣阿杜撒·达尔罕、恩克·达尔罕二人和以彻辰·洪台吉的洪古台·达延大师为首的使团，前去礼请圣识一切索诺木·札木萨·呼图克图。

使者尚未到达之前，有一天，那位博格达静坐中忽然降旨称：“蒙古的阿拉坦可汗，其寿虽高，其志未减。”在其旁边的诸弟子相议：“这是什么意思？”

不久，使者们到达，呈上书仪等，禀报其奉请之由。圣识一切笑而称：“我辈皆有前世佛家之善缘啊！如今我一定要去！你们使者可以先回去，禀报以你们可汗为首的广大施主。”遂赐信件和礼物，叫他们先回去了。

使者们回到（蒙古），（右翼）三图们商议，（决定）建寺庙于青海的察卜齐雅勒之地。岁在丁丑，右翼三图们前往迎接（索南嘉措）。

[1]　八思巴喇嘛：汉文音译作“帕克巴喇嘛”。

至察卜齐雅勒，首批去的是以永谢布的巴尔虎·岱庆、鄂尔多斯的哈丹巴特尔、土默特的玛哈沁大师为首的八百人，献珠宝、财帛、驼马之类而拜谒。（索南嘉措）来到乌兰木仁[1]河，临（河岸）用手指水作法，则其水倒流了。于是，凡是（在场者）均有了虔诚的信仰。

第二批去的是以鄂尔多斯的青巴特尔、土默特的卓里克图·诺颜为首的一千人，敬献礼物五千种。在他们见面的地方，空地里涌出一眼泉。于是，大家均有了虔诚的信仰。他们在驻乌兰木仁的当天夜里，献供于奉博格达·哈杨啦瓦[2]法旨之大力巴克扎·玛哈噶喇[3]，闻以奉教之事，即传法旨，前往蒙古地方，令收服那里的腾格哩及诸龙[4]。（他们）来到衮·额尔吉，即夜收服蒙古地方的腾格哩、诸龙之翁衮[5]驼、马、牛、羊、猫、鹰、狼属之众类，取其誓言，令其皈依。

《圣武亲征录》，也作《皇圣武亲征录》，共一卷。作者佚名。记事起元太祖成吉思汗之生，迄辛丑年（1241年）元太宗窝阔台汗之死。对成吉思汗早年事迹及统一蒙古各部、向西发动军事征讨、南下攻金和窝阔台汗灭金等均有记载，但较《蒙古秘史》简略。行文用正史本纪笔法，亦有不少讳饰之处。如成吉思汗与札木合的答兰版朱思之战，明显失利，此书却称“札木合败走”。明修《元史》，据元《实录》所纂太祖、太宗本纪，内容多与此同，可证《实录》亦取材于此书。

第三批去的是以鄂尔多斯的彻辰·洪台吉、土默特的达延·诺颜为首的三千人，奉献各色礼帛、妆缎、蟒缎、绫缎、金钩银钩之驼，装宝金鞍马匹等礼物万件以拜见。则圣识一切显示四臂观世音菩萨之法象于彻辰·洪台吉眼中。翌日，由此启程途中，大家看见圣识一切所乘骑的叫诺尔布·章钦之马所踏的石头上，显出六字真言，有了虔诚的信仰。

[1] 乌兰木仁：汉文音译作“乌兰莫棱”。

[2] 博格达·哈杨啦瓦：汉文译作“圣马明王”。

[3] 巴克扎·玛哈噶喇：汉文音译作“班札·玛哈噶拉”。

[4] 腾格哩及诸龙：汉文译作“天神、龙神”。

[5] 翁衮：蒙古语“偶像”或“精灵”。

◆ 元人秋猎图 ◆

岁在戊寅，大家拜谒圣识一切的真身，九族之众，皆大欢喜。可汗与彻辰·洪台吉二人见圣识一切的真身而惊讶。圣识一切命瓦奇尔·托迈·衮·欢津为翻译而问："可汗、诺颜二位为什么注视我？"可汗先回答说："我故有脚肿病，因为听说病犯的时候，将脚伸入马胸中，可痊愈。于是，命令下人杀马，将脚伸入马胸里，则痛不可忍。抬头望见一位白色人在空中，对我说：'可汗！您为什么造这么大的孽？'说罢，悠然不见。从此，我时常心生畏惧。后来，唐古特的阿兴喇嘛[1]传授六字真言，教我默诵。是故请古密大师捻数珠，日诵一百零八遍。而今看您，就是那位啊！所以，我注视您而惊讶呢。"彻辰·诺颜说："以前，我在我母亲身边玩耍，吃母亲赐给我的马乳房肉[2]的时候，我手中的刀子忽然向上跳起，如风轮般旋落在我的膝前，刀尖插入地中。当我查看跳起的刀的时候，则看见身穿青缎衣的状如少年的人，愤愤地问我：'你

[1] 阿兴喇嘛：汉文译作"阿哩克喇嘛"。

[2] 马乳房肉：汉文误译作"马颈"。

◆ 万部华严经塔 ◆

为什么这样吃马肉？’当我惊惧之间，（他）忽然不见了。从那以后，我再没吃过马肉。如今看见圣识一切喇嘛，认得就是您。因此而惊讶呢。”于是，圣识一切微笑着说：“可汗、诺颜您二人所说的是实话。你我不是今日才见面，而是在过去相见多次啊！阿拉坦可汗，您的先世成吉思汗之孙忽必烈·彻辰·可汗之时，我则是萨迦·班第达·阿南达·都瓦咱·锡哩·巴达之侄，马迪·都瓦咱·八思巴喇嘛。当彻辰·可汗与秦贝·哈屯之时，因示大众以绰克图·黑·瓦奇尔[1]之全备四项灌顶为首，

[1] 绰克图·黑·瓦奇尔：汉文译作“功德喜金刚”。

解脱因果之法旨灌顶等，故授我以乞塔特语‘三省大王国师’之号，钦赐玛瑙宝石之印并通行各地的黄卷文牒，尊为顶上花喇嘛而信奉我。这位彻辰·洪台吉，则昔日于我佛祖法力无边之时，为玛嘎达国之主，组克占宁博可汗，成了我佛之施主。其弟彻辰·岱庆也同时为忽萨拉国之主，名叫萨尔察勒的可汗。这位大克烈穆尔其[1]瓦齐赉·托迈·浑津是前师罗穆顿之时，曾为伊尔古克的克烈穆尔其罗力丹·西喇卜。其后，号为伊尔桑的黑马克烈穆尔其，充当彻辰·可汗与八思巴喇嘛的翻译。而今成了我们三人之间的翻译，为我的弟子已经三世了。”

由是返回到先放辎重的地方。争斗时期的转轮（王）阿拉坦可汗，以示照明蒙昧部州的机缘，着白衣、乘白马，以彻辰·诺颜、中根哈屯为首，再以万人迎接，到察卜齐雅勒庙下营，大摆喜庆筵席。以五百两黄金所制造的宝银经坛上，置以十两精金所制而饰以七珍之八供；盛满珍宝之精金碗三十，前所未见之缎匹各十端，为首之五色缎各百端。镶宝金鞍白马十匹，币帛五千，牲畜五千，共献万件礼品，为迎迓结缘之贽。

在大摆喜庆筵席之时，鄂尔多斯的彻辰·洪台吉，以瓦奇尔·托迈·衮·欢津为通事（献词）曰：“依前世的善缘，今逢朝拜之地，为福田者喇嘛、施主可汗二人，如日月二象升于青冥高天而居。维于此时，夙奉额尔克图·忽尔穆斯塔·腾格哩[2]之旨，收服五色四夷[3]之苏图·博格达[4]成吉思汗的嫡孙，菩提萨图之化身阔端可汗、转轮（王）忽必烈可汗二人，得遇及智理极奥的[5]萨迦·班第达、生灵皈依之法王八思巴喇嘛开始，蒙古的诸法王萨迦的神僧等，以政教二者，致天下众生以几多幸福。其后，自乌哈哈图·彻辰·可汗以来，政教二者，略有疏远之故，

[1] 克烈穆尔其：蒙古语，意思是“翻译”。

[2] 额尔克图·忽尔穆斯塔·腾格哩：汉文译作“玉皇天尊”。

[3] 五色四夷：汉文译作“五方四邻”。

[4] 苏图·博格达：汉文译作“圣雄”。

[5] 及智理极奥的：汉文译作“穷智理之奥极者”。

◆ 查玛面具 内蒙古大学民族博物馆藏品 ◆

致我们所作唯孽，血肉相残。而今日，值此争斗时，似释迦牟尼之圣喇嘛、似此地的忽尔穆斯塔·也克·忽楚图可汗二人，相逢之吉日良辰开始，将俾血潮汹涌的大江，化为溢乳清澈之澄海。开彼先圣所开法教之白路，就是我们信奉可汗、喇嘛二人的福缘。”

向乞塔特、吐蕃特、蒙古、维吾尔以及僧俗人等，十万余众中，言如初夏月的布谷鸟之鸣，所聚人众闻之悦耳，尽皆叫绝。而圣识一切（喇嘛）与阿拉坦可汗二人为首，僧俗贵贱，尽皆称奇。

之前，蒙古国中有人死则斩杀驼马殉葬，今弃此习惯，而来奉经教。每年每月坐禅，并持八节之戒；世俗人等，如果对四类僧人动手，或骂或抱[1]，则确尔吉同洪台吉，喇卜占巴、嘎卜楚同台吉，格隆同塔布囊，欢津同太师、宰桑，僧、尼、斡巴西、斡巴散察等，同官员每。[2]每月三个斋戒日，不得杀生，不得行猎。僧人如果违犯教令而娶妻，则依教法，用黑灰涂其面，责令逆转寺庙三匝，逐黜予以惩罚；斡巴西、斡巴散察[3]如果违背教令，杀牲，则先惩处而后没入官；诸僧、斡巴散察如果饮酒，则当分散他的所有；等等。参照吐蕃特历史上三位转轮可汗及其蒙古的忽必烈彻辰·可汗时期的典章旧制，订立十善经教之法。献以

[1] 或骂或抱：汉文译作“或骂或诮”。

[2] “僧尼……同官员每”：在蒙古语文书中有脱文。

[3] 斡巴西、斡巴散察：汉文音译作“优婆塞、优婆夷”。

博格达·圣识一切为瓦奇尔·达喇·达赖喇嘛之号，奉之为昔日法王八思巴喇嘛之例。不得令四类僧众出征行猎，免其贡赋，并立政教二道。

由是，圣识一切瓦奇尔·达喇·达赖喇嘛赠阿拉坦可汗以转千金法轮之咱卡拉瓦伦·彻辰·可汗（之号）；

赠济农以咱卡拉瓦伦·彻辰·济农·哈西·汗之号；

依先世在额讷特格之号，赠彻辰·洪台吉以绰克察孙·吉如很·彻辰·洪台吉[1]之号；

赠彻辰·岱庆以萨尔察勒·岱庆之号——令不可译此号；

赠瓦奇尔·托迈·欢津以灌顶国王欢津之号；

赠阿兴喇嘛以额齐格·喇嘛之号；

赠古密大师以苏格·欢津之号；

赠阿尤西大师以阿南达·顾师之号。

此外，又赠各图们的诸诺颜、诸塔布囊、诸大师以及众大臣以合乎政教二道之号，依其尊卑之道而施行。

[1] 绰克察孙·吉如很·彻辰·洪台吉：汉文作“库哷·噶尔必·彻辰·洪台吉”。

◆ 元代“神像”岩画（旁有“大德五年四月四日立庙”铭文）◆

◆ 大尾式“达”记镶银马鞍　清代 ◆

于是，圣识一切瓦奇尔·达喇·达赖喇嘛称：“我曾经许愿于伊拉穆·塔拉之地塑麦达哩佛[1]像。”遂前往伊拉穆·塔拉之地。

当时，阿拉坦可汗许于其统辖游牧之众的呼和浩特，用金银珍宝塑造生灵皈依的释迦牟尼佛像；

博硕克图·咱卡拉瓦尔迪·彻辰济农许于建造三世（佛尊）之庙；

绰克察孙·吉如很·彻辰洪台吉许于用金银珍宝缮写佛尊令旨之神祇百八函《甘珠尔经》；

萨尔察勒·彻辰·岱庆许于建造三世（佛尊）之庙，各自约语，坚其厉行之诚。达赖喇嘛遂赴伊拉穆·塔拉。

于是，瓦奇尔·达喇·达赖喇嘛起程，赴伊拉穆·塔拉的途中，因膜拜聆听灌顶之经者甚多，以致耽延。因此，令叫班禅·索达纳木·喇克巴[2]的小呼图克图称：“你先行到伊拉穆·塔拉之地，坐博格达·哈杨哩瓦[3]佛之禅，化导当地的神祇。在那里，三日或七日，那里的神祇为我指示一物于你，你当收其物，用以净化，为我新庙奠基。”说罢，遣其先行。

小呼图克图遂到那里，遵喇嘛的法旨，即坐博格达·哈杨哩瓦佛之禅。到第三天的晚上，来了一位面容清秀，身披白色袈裟的少年，在小呼图克图前合掌膜拜，跪着说道：“在以前，您那位德额都·博格达·达赖

[1] 麦达哩佛：汉文译成“弥勒佛”。

[2] 班禅·索达纳木·喇克巴：汉文作“班禅·索达纳木·达噶巴”。

[3] 博格达·哈杨哩瓦：汉文译作“圣马明王佛”。

喇嘛，为额讷特格南部的必塔国主之子，名为‘三宝之奴’的汗时，曾令我贮一副饰以各种珍宝的浑金马鞍及全副珍宝金制之马具，并授予我以斡巴西之戒。其时令贮之物，我一直贮守到今天。如今，您是遵德额都·喇嘛的法旨而来，明天早晨拿出来，交给您。”说罢，不见了。第二天拂晓他醒来一看，果真有一副饰以各种珍宝的马具。于是，他收起那些珍宝，心想：“喇嘛法旨果真不亡。”遂用那些珍宝，为其庙奠基，将竣工之际，圣识一切·瓦奇尔·达喇·达赖喇嘛赶到了那里。

之前，吐蕃特的一位僧人，做买卖到彰国的萨达姆可汗之父亲身边，赠给可汗以瓦奇尔·达喇·达赖喇嘛的画像，而可汗将其画像扔在地下。当夜，（可汗父亲）梦见来了一位穿黑片衫的人，用有水晶把的刀子剖其心脏。第二天早晨，（可汗父亲）两个鼻孔冒鲜血而死。而今其子萨达姆可汗，感悟曾污喇嘛慈悲之事，而欲了却自己父亲的前愆，唯因其不可去以自己的头膜拜之理，就以一百两精金铸塑自身的头颅，与黄金五百两和精银一千两以及各色珍宝、无数绫缎一起，遣以名叫札哈、布哈二人为首的三百人为使，献给（达赖喇嘛）说：“我从遥远的地方向您膜拜，如果您垂爱于我，愿您塑造自身之像赐予我。”（又）寄精金十两。喇嘛遂令巴勒布匠人，铸塑自身之像，又赐以别的佛像及阿迪饲[1]而遣返其使者。于是，那位萨达姆可汗不胜欢喜，敬谨供奉喇嘛的金身。那位可汗享年八十七岁。

遂以萨达姆可汗所献的金子，熳其寺庙的外间顶盖，并塑成名叫剌禅·巴兰巴尔的绰克台雅·巴达拉散·麦达哩佛[2]之安乐神像，并亲自散花，谨为开光之时，有其伯勒格·必里格[3]显像而入化，天降花雨，所见大众均产生了虔诚的信仰。

---

[1] 阿迪饲：称活佛喇嘛的赐福为阿迪饲。

[2] 剌禅·巴兰巴尔的绰克台雅·巴达拉散·麦达哩佛：汉文音译作“拉沁·巴勒巴尔·宣威功德弥勒佛”。

[3] 伯勒格·必里格：汉文作“般若波罗密德”。

◆ 阿拉坦汗像 ◆

当时有一位名叫纳玛尼的桑松道士[1]，做咒以雷击瓦奇尔·达喇·达赖喇嘛。博格达·喇嘛用自己的袈裟接收其（雷击），扔进水中。到第二天早晨，道士来向博格达·喇嘛叩头，说："我用咒法已经害死九十七个人了，对您博格达·喇嘛实施了三次咒法，均未能害及您。我今已九十七岁，死后将坠入三恶之道。兹敬向您活观世音菩萨忏悔前愆，乞令后世得入佛门之道。今愿授我以格隆之戒，我愿死于您的眼前，得到您的引导。"祷毕，遂为僧，经七天而死去。（达赖喇嘛）引导他趋向菩提之道。

岁在己卯，阿拉坦汗偕同东科尔·满珠锡哩·呼图克图，一起回到蒙古地方。

之前，于大明隆庆可汗四年，岁在辛未，（明廷）以彻辰·洪台吉效力于大朝（有功），拟赐予龙浩长准之号[2]及玉印黄卷。其间，以故耽延，

[1] 名叫纳玛尼的桑松道士：汉文译作"桑宗道人纳木夷者"。

[2] 龙浩长准之号：汉文作"龙虎将军"。

没有来得及领受。岁在庚辰，其年四十一岁，输自伊尔该城[1]，上自伊尔该城，下至特莫格图城[2]，由二十一城，输以无数之帑藏。

岁在辛（癸）午[3]，阿拉坦可汗七十六岁，身患重病，身体消瘦，内在气息尚存之际，蒙古勒津、土默特的诸诺颜、众大臣私下议论说：“这经教的好处在哪呢？既无益于可汗的金命，岂能有利于后世的人们？这些喇嘛看来是一群欺狂之辈，如今应当抛弃这些人。”满珠锡哩·呼图克图听到这种情况，立即召集土默特的诸诺颜大臣于可汗跟前，对他们说：“凡事无不有其始终，乃如水中之月；人生不免其无常，恰似镜

[1] 伊尔该城：汉文作“宁夏城”。

[2] 特莫格图城：汉文作“榆林城”。

[3] 岁在辛午：汉文作“岁在乙卯”。

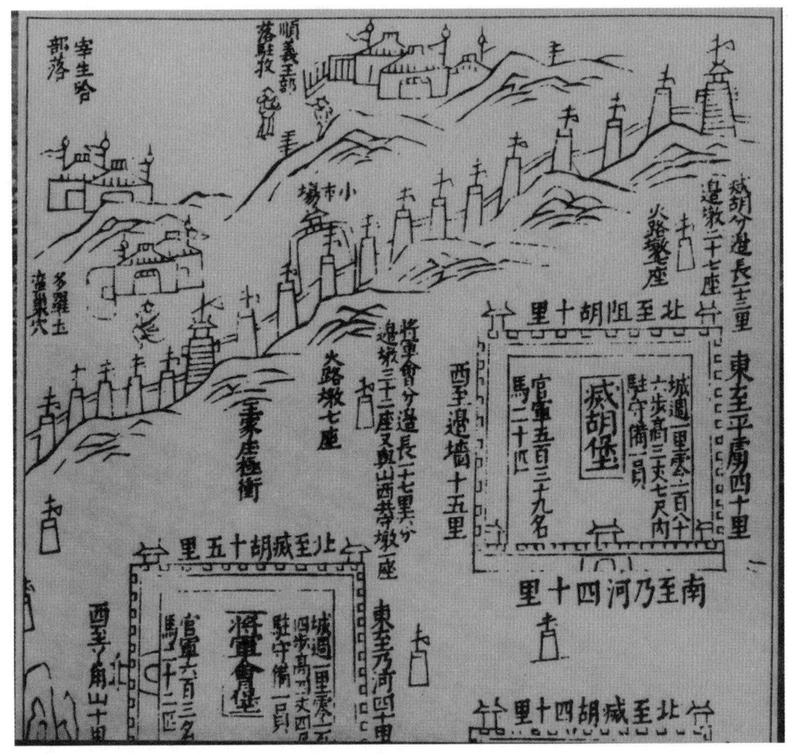

◆ 阿拉坦汗驻牧图 ◆

◆ 美岱召八角庙 ◆

中之像；生死轮回之道，凡此世间之生灵，未有不死者。故不论何人，皆不可脱却死难。唯超越生死之金刚佛体，方无死亡。是故，若欲获此佛道，除真经外，更无别的办法。未获佛道之先，而能不死者，有史从来没有。即令三世之诸佛，尤今生灵皈依之释迦牟尼佛，亦未尝说不死之言。如今我们的德额都·喇嘛、博格达·圣识一切·瓦奇尔·达喇·达赖喇嘛，一旦来临，也只能这么说。因此，寿终致死，无论什么人都不能挽回。夭折致死，或可用药救治，而今这位可汗已至寿终之时，难以救活。虽然话是这么说，但圣识一切曾有法旨在先：这位可汗并非凡人，乃是菩提萨都之化身。如果佛宝的法力、掌教的菩萨、施主之首可汗三者，果然有缘，则圣识一切慈悲教法之力，博格达·可汗虔诚笃信之志其知之。”如此降大诫之旨之后，令神医蕴丹·仁钦大师，吹药入可汗鼻中。满珠锡哩·呼图克图亲口唤三次：“唉！愿大可汗为宗教而与我苏醒！”则可汗苏醒了过来。在场的所有人等大为惊奇，欢欣鼓舞。各自直陈前此之所言不讳。则可汗降旨称：“你们十二土默特的诸颜大臣等，为什

么要毁我宣扬的宗教而加害于僧众？在过去，未奉经教之时，我的祖先及其他无经、无僧的地方，唯祀翁衮彻灵[1]的人们当中，你们见过有几个长生不老的？凡我之前，似我这样的诸汗，似你们这样的属众，有几个长生不老的？我已经是年近八十的人，时间已经到了。别说我，昨天我圣识一切・喇嘛不是降旨称释迦牟尼佛亦为了让众生知道生死轮回的真实性，亲自示以涅槃了吗？你们谁也不知其究竟，只有鄂尔多斯的彻辰・洪台吉，那个小子知晓。”

越十余日，彻辰・洪台吉听到可汗病重的消息，前来拜谒其哈屯及诸子。可汗见他，喜出望外，将此前所发生的一切学说一番，遂召十二土默特的诺颜大臣等，展示东科尔・呼图克图的经卷。可汗、彻辰・洪台吉二人，再三向大家宣称经教之功德，为日后不致毁教害僧，以宣扬宗教之事，共亟设誓，载入经卷。可汗年七十七岁崩。

其长子僧格・都楞・特木尔・洪台吉戊戌年生。岁在甲申，年四十七岁即可汗位。即于是年，与右翼三图们共议，以赉阿拉坦可汗之福事而礼请，则瓦奇尔・达喇・达赖喇嘛及时起程，经过乞塔特的哈木苏[2]城，那里的郝・都堂，设盛宴并献贽贶。瓦奇尔・达喇・达赖喇嘛前所燃的香灰，结成“召”字，使劲握其而不坏，所见大众均皆惊异。哈木苏所属人众，敬献无数贽仪，情愿聆听灌顶经文，获得了至诚无悔的虔诚信仰。

由是，以伊尔该城的庆王[3]为首，都堂、总兵、大小官员等延请（圣识一切・达赖喇嘛），大为敬重供奉。在场的人众看到圣识一切现化为白面四臂，前两手合掌当胸，另外两只手的右手拿菊花，左手执白色水晶念珠，盘膝趺坐之像，其饰瑞彩典雅，各色珍宝，绫锦灿然，焕映五

[1] 翁衮彻灵：孛额们用木头或毡子做成的神祇偶像。

[2] 哈木苏：以蒙古语音写的“甘肃”二字。

[3] 伊尔该城的庆王：汉文译作“宁夏城之亲王”。

色灵光。大众瞻仰，而献无数贽仪，秉诚倾听精微经文，产生了无限的虔诚信仰。

岁在己（乙）酉，（圣识一切·达赖喇嘛）年四十四岁。至在也克·沙巴尔之地[1]的彻辰·洪台吉家，于莫克如斯泉[2]旁，坐禅三月[3]，修成收三界之博格达·哈杨哩瓦佛之道；授呼图克台·绰克察孙·吉如很的彻辰·洪台吉与其妻托尔罕·珠拉·彻辰哈屯二人为首的全体施主，以无尽修行的灌顶及几多接引缘法的法旨。

由此往北方的旅途中，众多诺颜、施主，多有延请（圣识一切·达赖喇嘛），奉献无数的贽仪。至博硕克图·彻辰济农的驻地，为他指定兴建三世庙宇的地方。

在忽格布尔之地，博硕克图·彻辰济农、彻辰·洪台吉、彻辰·岱庆三人，同受瓦奇尔·达喇·达赖喇嘛的威德金刚全备四项灌顶，发誓各自不互相加害，依古制而立经教，使经教皎日升于蒙昧之洲。

由此启程，（圣识一切·达赖喇嘛）赴十二土默特地方，责怪他们埋藏阿拉坦可汗骨殖的事情，降旨："可惜了！你们怎么能抛弃如此无价之宝于地上啊？"遂掘出（其尸骨）而焚化，则显出无数舍利子等神奇瑞应，大家皆称惊异。

之前，其（阿拉坦可汗的）父亲阿拉克·济农有三位妻子。当其父亲升遐之后，阿拉坦可汗纳名叫莫伦的为第三位哈屯，其所生独子叫吐蕃特台吉。后来这个儿子死了，其母亲哈屯不怕造孽，欲杀百人之子以相从（地下），杀百驼之羔以锔装。其杀至四十余小孩子的时候，大众汹汹，即将出现暴乱。正当此时，蒙古勒津的西尼盖·乌尔鲁克之子珠汗都赉·乞雅·台吉[4]出来说话："别人去那里，会折磨世子的。我去，

[1] 也克·沙巴尔之地：汉文音译作"也克·锡伯尔地方"。

[2] 莫克如斯泉：汉文音译作"篾克噜克泉"。

[3] 坐禅三月：汉文译作"坐禅三日"。

[4] 珠汗都赉·乞雅·台吉：汉文音译作"由罕都雷喜雅台吉"。

◆ 钟馗嫁妹图（局部） ◆

杀我作殉吧！”因为不能杀他，此事就此罢休了。当那位哈屯死后，人们埋藏了她。后来，因为哈屯所造的孽业，魂不离体，化为鬼蜮，身已昂起。博格达·达赖喇嘛察知其事，为了镇伏她，依制筑起大威德金刚烈火之威慑坛的三角孔灶，内置哈屯曾穿过的衣服。（达赖）喇嘛口诵真言，以四臂法像拘敛其魂魄，投入灶中。忽见一蛇蝎钻进其衣服的左袖口，从其衣领露出头。博格达·达赖喇嘛开始诵经，超度亡魂，解释世愆等无常之真经。良久，那个蛇蝎三次垂首，摆出叩首之状，随即死去。于是，燃起三昧之禅火，献供物予在世及逝世之诸客。将其衣及蛇蝎一同付诸火中，散发出难闻的臭味，闻之者或有气绝，或有昏厥。等他们醒来时，只见一道白气如练，与坛烟并起，其顶端化出一位瓦奇尔·萨都神童而去。在场的大众望见而称奇，产生了极为虔诚的信仰。如是，

◆ 元世祖出猎图（局部）◆

似夤夜之向曙，如旭日之东升，佛法之光普照了大地。

（喇嘛）由此前往喀喇沁图们处，路途受土默特的乌申、巴约特、伯格勒斯、茂明安[1]的诸诺颜之请。他们受听广大精微之经，而献无数的贽仪。

鄂尔多斯的彻辰·洪台吉，岁在丙戌，四十七岁逝世后，赛汗·囊素、瓦奇尔·托迈·衮·顾师[2]、阿喇常·韦章·乌尔鲁克[3]、伯给·彻辰·吉雅齐[4]等赍送福事。瓦奇尔·达喇·达赖喇嘛深为痛悼，降旨称："他已经趋菩提之道而去，有什么可说的！只可惜，你们抛弃自己的福气，扔掉一斛舍利子等灵宝于地上！"说罢，诵读善缘之经，深结佛法而祈祷。

其（呼图克台·彻辰·洪台吉）子乌力吉·伊勒都奇·达尔罕·巴特尔，

[1] 乌申、巴约特、伯格勒斯、茂明安：汉文音译作"卫新、巴雅果特、博尔济吉斯、毛明安"。

[2] 瓦奇尔·托迈·衮·顾师：汉文音译作"瓦齐尔·托密·公固什"。

[3] 阿喇常·韦章·乌尔鲁克：汉文音译作"阿喇沁卫征·乌尔鲁克"。

[4] 伯给·彻辰·吉雅齐：汉文音译作"伯吉彻辰·济雅噶齐"。

当其父亲在世之日，年十七岁率先冲入托克玛克军的阵地，全装甲胄超乘冲刺，破敌两营，杀其二将，得到了举国之赞赏。遂议其事，于是丁亥年，授以巴特尔·彻辰·洪台吉之号而执政。岁在己丑，在其三十四岁时逝。

◆ 缂丝杏林春燕图　台北故宫博物院藏品 ◆

在此之前，丁亥年间，哈勒哈部[1]的阿巴岱·噶勒珠台吉[2]前来叩见（圣识一切·达赖喇嘛）。奉献貂皮撒金帐房等财帛、牲畜数以万计。他对可汗说："你可以从我的诸佛当中，任意选取一佛。"于是，他选取了瓦奇尔巴尼佛像。由此将返回去的时候，（阿巴岱·噶勒珠台吉）请求："请赐给我以冠瓦奇尔的可汗之号吧！"（圣识一切·达赖喇嘛）降旨："这对你们蒙古朝政有害！"（阿巴岱·噶勒珠台吉）再次请求。于是，赐"瓦齐赉·可汗"之号[3]。

[1] 哈勒哈部：汉文作"喀尔喀部"。

[2] 阿巴岱·噶勒珠台吉：汉文音译作"阿巴岱·噶勒扎古台吉"。

[3] 此段在汉文有不同的记载。如："……数以万计。以经文赏其所愿。因谓此可汗曰：'汝可于我之诸佛中，随手取一佛。'因手当瓦齐尔巴尼之像，遂取焉。达赖喇嘛降旨曰：'此乃顶上花喀木巴瓦齐尔可汗之像也。昔日满堂之佛连室遭回禄之灾时，未尝焚毁之大有法力之佛焉。'又赐大如拇指之释迦牟尼佛舍利子，白铜铸的药王佛像，自印度地方请来之众罗汉像等，又赐虎帐等财货。降旨曰：'（如乃）巴萨尔巴尼之化身也。'遂赐法教之大瓦齐尔巴尼可汗之号焉。"

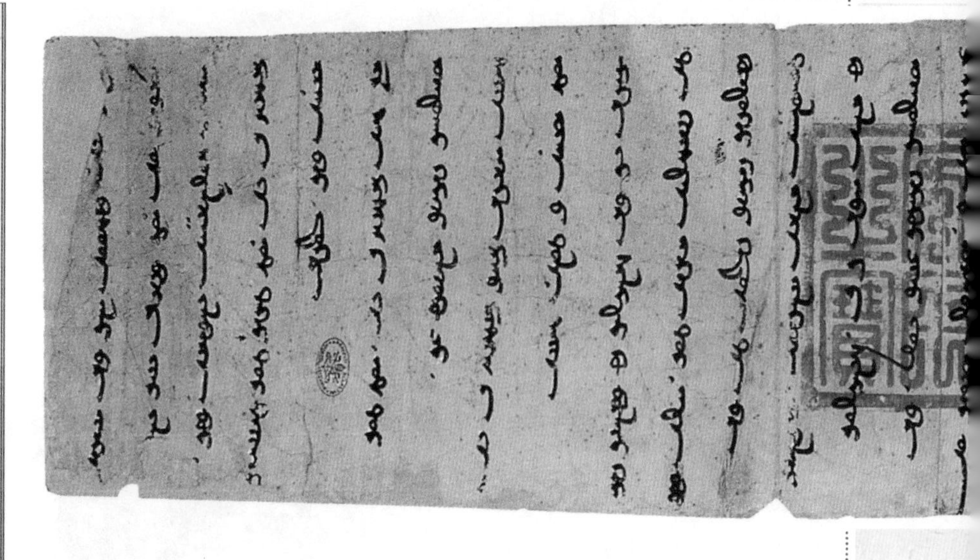

即于此丁亥年，有察哈尔的阿木岱·洪台吉前来叩拜，奉献金银帛币及驼马牲畜等以万计，并称："以察哈尔的图们可汗为首，凡我察哈尔图们，为宗教欲遣使请博格达·喇嘛。"圣识一切·博格达降旨："如果明年前半年来，或许可往！如果明年不来，我恐怕无暇前往啊！"众皆未解其意。唯有阿木岱·洪台吉问："这则旨意是什么意思啊？"（圣识一切·达赖喇嘛）授那位阿木岱·洪台吉以接引之灌顶而满足了其愿望。

戊子年十月的一天，圣识一切坐在高山顶上花果繁茂的树下。只见一位身着旧衣的僧人过来，与（圣识一切）相稽首进礼，用额讷特格语谈论许久而散。在侧的众弟子问其缘故，（他）回答说："他是伊拉穆·塔拉寺庙里的塔尔巴·扎勒灿，蒙译则'托尼勒辉·移剌古克散·托音'。知道我近期起程，特来相见。"由此归后，身体不愈。

当时有乞塔特大明万历可汗的使者松兵、宝常、散章[1]三官为首的三千人来请，奉献博格达·喇嘛以金床、垂帘肩舆、金鞍白马九匹、载用之车三百辆以及延请之贽仪精金百两、精银千两之外，又有各种珍宝、

[1] 松兵、宝常、散章：蒙古语音译。汉语译为"总兵、副将、参将"。

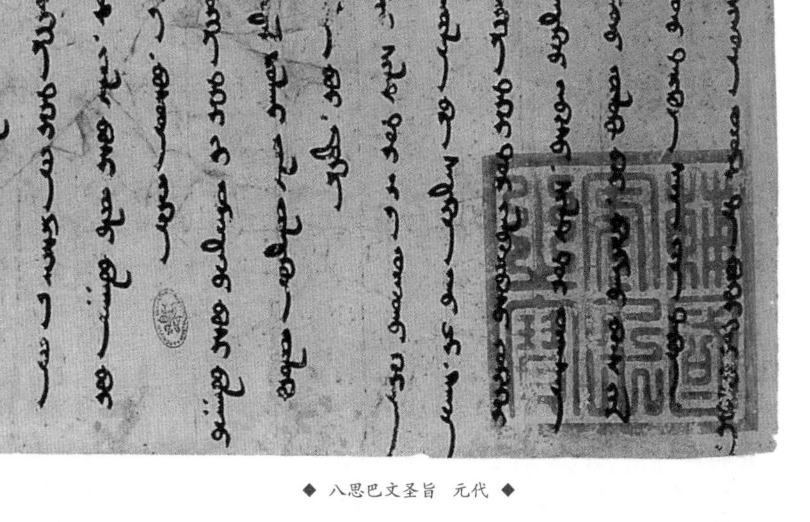

◆ 八思巴文圣旨　元代 ◆

币帛之属各百件。其黄色敕书曰：

“吾依前代唐太松可汗[1]、永鲁可汗[2]、算地可汗[3]之制，扶持宗教。依蒙古忽必烈彻辰可汗之故事，封以三省大王国师之号，尊为顶上之花喇嘛。”

与此同时，察哈尔的图们·可汗之使者，克什克腾的托迈·洪台吉、克木齐古特的巴嘎·达尔罕·诺颜为首的一千人，携一万乌拉[4]前来。于是，博格达·喇嘛降旨：“如今这两个大国君主可汗的敕旨甚是，乞塔特与蒙古两个大国的大力君主之旨意，非为一己之利，实为众生之益而扶持宗教，其功莫大于此。我理当前往，可是如今更有大力可汗之旨到了。去年我不是对阿木岱·洪台吉说过吗？如果明年前半年则可，后半年的话，我就无暇前往了。如今我要实践前言，因为我所起头的事业即将告竣之故，为接济他人而前行！”说罢，即当着使者等的面，自前

[1] 唐太松可汗：蒙古语音译。汉语译为“唐太宗皇帝”。

[2] 永鲁可汗：蒙古语音译。汉语译为“永乐皇帝”。

[3] 算地可汗：蒙古语音译。汉语译为“皇帝可汗”。

[4] 乌拉：蒙古语，意思是“驿马”。

◆ 朝元图 ◆

戊子年之纪元，三千六百七十五年，岁在辛（壬）寅，降生于灵霄宝匣之色身。岁在戊子，年四十七岁之闰三月二十六日，以极乐通慧之神通，化入普度之博格达·观世音菩萨心中，而逝世于吉尔满岱之地。至四月二十五日，焚化其根基清净之遗体，则显出观世音菩萨、咋喀喇·散布拉佛[1]全备之像。慈悲之慧眼，无数舍利子、字迹等项，如过去的无忧法王修成的冲宵宝塔一样。

由此，圣识一切以慈悲之眼瞻顾蒙古国，遂投都楞·可汗的第四子，苏密尔·岱庆的达喇·哈屯之胎，妊满九月，甫阅十月，岁在己丑，显身降生。因为听说圣识一切·瓦奇尔·达喇·达赖喇嘛尊者之真身，自蒙克地方遣使来请。则因蒙古国之智慧浅微，唯恃勇气，称“我们的孩子年幼，怎么能叫他离开呢？不到十三岁，我们是不会让他去的”！遂未遣焉。

其后，鄂尔多斯的博硕克图·济农岁在辛（壬）辰，年二十八岁，

[1] 咋喀喇·散布拉佛：汉文译作“上药王佛”。

率鄂尔多斯图们，征讨乞塔特地方。至星锡库河，经过三天的（征战），大加掳获而归。由伊尔该城的张充兵[1]截住他们的回路而迎战。右翼乌申的巴特尔托忽、哈尔哈丹的阿西图之哈喇·忽齐、哈留沁的吉吕·吉雅齐、布哈斯的巴特尔·杜尔贝等当先打入敌阵。正酣战之中，彻辰·洪台吉的长子乌力吉·伊勒都奇庚辰年所生，十三岁的巴图·台吉，乘一匹名叫乌钦岱的红马，追擒一名乞塔特人。因此，济农以下人人皆爱慕之，遂令袭其父亲的达尔罕·巴特尔之号。

其后，岁在甲午，彻辰·济农年三十岁，再次征讨乞塔特地方。由阿拉克山[2]而进。当时有特莫格图城[3]的玛哈充兵追了上来。左翼明海·青·岱庆的先锋呼图克台·塔布囊与托克塔尔·伊勒都奇·哈喇·忽喇特二人当先截住，袭取其辎重行帐。而（玛哈充兵）转到哈喇·浩特，欲偷袭蒙古而行军到乌兰·乌隆。当时，巴图·达尔罕·巴特尔年方十五岁，没有跟随（大部队）出征。与其部将吐蕃特·哈斯哈·吉雅齐等率兵为镇守南部而出行。诸军各自行进，尚未会合之际，在中途宿营。有侦骑回来报告说："有一支人马前来袭击。"随即迎战。有哈尔哈丹的阿西图之哈喇·忽齐、哈吉利斯之

> 大运河：元世祖忽必烈派郭守敬等人大修运河，打通南北水路，为南方米粮顺利送到大都提供了便利。关于修运河的事，拉施特也有记载："在汗八里——大都，有一大河，从北面，从通往夏营地的道路所在之处的察卜赤牙勒境内流来。还有另一些河……从摩至那的京城，从行在，从剌桐以及其他地方到达汗八里。""合罕下令挖一条大运河，并且将上述那条河以及其他一些从哈剌沐涟流出，并静静地流经地区上诸城之河的水，放入其中。船可从汗八里航至行在和剌桐、忻都斯坦诸港湾和摩至那京城，期间为四十日途程。""……当船到达这些坝的时候，无论它有多少货物，无论它有多么重，都是连船带货一起，用铰链举起来，放到坝的另一面的水上，使它继续航行。"

[1] 张充兵：蒙古语音译。汉语译作"张总兵"。

[2] 阿拉克山：汉文译作"贺兰山"。

[3] 特莫格图城：汉文译作"榆林城"。

◆ 铜佛像 元代 ◆

海努克·塔嘎麦先锋二人当先杀入，冲动敌阵之时，(巴图·达尔罕·巴特尔）亦乘其乌钦岱红马，一齐杀入。自乌努古奇山头到苏海河谷，追及其中午做饭之机，大加掳获而还。出示其所获衣甲马匹等物，众皆赞赏，遂以其祖父之号，称巴特尔·彻辰·洪台吉之号，提前令其执政。

其后，岁在辛（壬）寅，圣识一切转世年十四岁时，起程送行。至四（蒙克）地方，于圣识一切班禅·额尔德尼之（法座）前出家，受格隆之戒。通晓精微经咒之奥义，效前世圣识一切之制，以赴功德之地拜佛。当时，正塑陇地寺庙之上尊，陇·萨穆缠·麦达哩佛[1]安乐法身镀金铜像。其佛冠以下正面长一庹，实属惊人。有一天，这尊佛像忽然倾斜了，巴勒布的所有识匠人等均未能扶正。圣识一切蕴丹扎木苏去拜谒这尊佛像，坐视片刻，遂降旨说：“正当这尊佛像顶上，庙脊之梁间，置有一得道阿扎喇[2]之尸。因此，佛像避其而倾斜了。”于是，登上去查看，果真

[1] 陇·萨穆缠·麦达哩佛：汉文音译作“陇·沙木沁·弥勒佛”。

[2] 阿扎喇：汉文音译作“阿萨喇”。

有一具死人的尸骨，遂取而掷诸大江之中。接着，圣识一切散花（诵经），则端复如初。维显如此诸多灵异，众皆称其为“圣识一切·达赖·额尔德木图·瓦奇尔·达喇·喇嘛[1]”。一似前世瓦奇尔·达喇·达赖喇嘛，极尽智慧，建释迦牟尼之法幢，更以宗喀巴·苏玛迪·吉尔迪之教，普照大地如白昼。

由是，四蒙克地方的诸呼图克图、莫尔格德共同商量之后，为执掌蒙古的宗教，以博格达·巴德玛散巴瓦大师的高徒、大慈·金巴扎木苏的化身、辛（壬）辰年所生的根敦·巴勒桑·札木苏·锡哩·巴达，年十二岁时，遣往蒙古为教主，岁在甲辰，年十三岁到达蒙古，遂坐于圣识一切·瓦奇尔·达喇·达赖喇嘛·索德纳木扎木苏在蒙古的主教之床。全体蒙古称其为大慈·麦达哩·呼图克图。岁在丙午[2]，年十五岁时，阿拉坦可汗之孙岱庆·额哲之妻、持斋积福之托克岱·达赖·哈屯，以诸色珍宝塑成麦达哩佛像，并为其开光而请博格达。（喇嘛）以密宗之法散花之际，大家见天空中降下花雨，而有缘人皆看到般若波罗密等照临浸化之景。其后，

◆ 宗喀巴 ◆

[1] 圣识一切·达赖·额尔德木图·瓦奇尔·达喇·喇嘛：汉文译作“法力如海瓦奇尔·达喇·达赖喇嘛”。

[2] 岁在丙午：汉文作“岁在甲辰”。

岁在辛亥，年二十岁时，兀鲁兀惕部[1]达赖·斡巴西·诺颜，为其家庙开光而请（喇嘛）。（喇嘛）留其足迹于石头上，大家称奇而羡慕。

之前，鄂尔多斯的博硕克图·济农，岁在丙申，年三十二岁时，出征吐蕃特，招抚古噜·索达·纳木·吉勒等西喇·维吾尔。其后，修明经教之事，话不胜言。尤于岁在丁未，年四十三岁开始，以珍宝金银塑成释迦牟尼佛的十岁之像[2]。并置各种供器幢幡等物，齐备无遗。岁在癸丑，年四十九岁时，修造完毕。岁在甲寅，他请大神通·大慈大悲·麦达哩·呼图克图，为慈善之业散花开光，则呈现天降花雨等多项瑞兆。

由是，瓦奇尔·托迈·衮顾师、庆瓦·阿嘎·顾师、珠道里·韦章之子拉西·韦章·台吉三人为结佛家之善缘。尊上麦达哩·呼图克图·托音·葛根为大慈悲法王之号，上阿哩克·确尔吉为达赖·确尔吉之号，上衮顾师为灌顶大王·顾师之号，上阿嘎·顾师为尤格哲哩·顾师之号；升他们的地位同于确尔吉；又斟酌轻重，依次给僧众职称之后，法王设世世同生之愿；奉上博硕克图·济农以转金轮之咱卡拉瓦伦·彻辰·济农·可汗之号，上台哈勒·雍根·哈屯[3]以达喇·博第撒都·诺姆齐·达赖·彻辰·中根·哈屯之号；称其叔父蟒古斯·楚忽尔为大·洪台吉，称其胞弟乌力吉为宾图·洪台吉，称左翼的拉西为韦章·洪台吉，称恩和·和硕齐为和硕齐·洪

应昌城：应昌城位于今内蒙古赤峰市克什克腾旗达里诺尔湖西南约2公里处。应昌府是元代弘吉剌部的驻冬之地，至元七年（1270年）斡罗臣与囊家真公主曾一起向朝廷请求在答儿海子（今内蒙古赤峰市克什克腾旗达里诺尔湖）建立城邑。囊家真公主为世祖忽必烈之女。因此应昌城的兴筑，得到了元朝政府的批准和大力支持，建成后赐名为应昌府。后来在明朝军队不断的进攻下，北元势力被迫退至漠北蒙古高原，应昌城也因此逐渐被废弃。1957年，李逸友先生率领考古队考查了应昌古城。

[1] 兀鲁兀惕部：汉文音译作“乌鲁古特”。

[2] 塑成释迦牟尼佛的十岁之像：汉文作“塑成大如十二岁人之释迦牟尼佛像”。

[3] 台哈勒·雍根·哈屯：汉文译作“太哈勒·中宫夫人”。

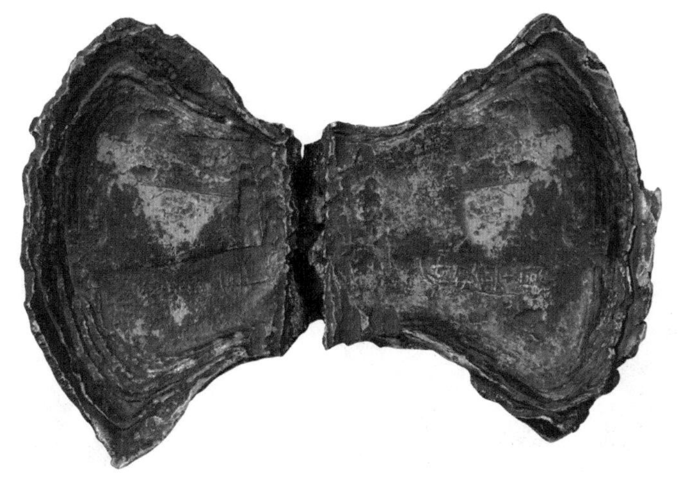

◆ 元代“至正七年”铭束腰形银锭 ◆

台吉。右翼呼图克台·彻辰·洪台吉之嫡孙、巴图·洪台吉之子萨囊彻辰·台吉甲辰年生，年十一岁时，称其为六部之中，肇兴经教者的后裔而以其曾祖之号与以萨囊彻辰·洪台吉之号。当其十七岁之时，晋为大臣之列，任以政事，加倍宠幸。称蟒古斯·忽喇其为额尔德尼·忽喇其·洪台吉；称彻辰·岱庆之长子萨岱·彻辰·岱庆为顾师·洪台吉，称其次子萨吉为巴特尔·洪台吉；称太平之孙斡巴西为杜拉尔·岱庆之号，又斟酌诸诺颜、塔布囊等的轻重，依次给予名号。致四大国于太平，登众庶于幸福。

其后，岁在辛酉，年五十七岁，赴乞塔特之特莫格图城议政的使者六十人被害。济农可汗大怒，召鄂尔多斯部的大小诺颜、臣宰商议，起兵十万，由特莫格图城西的乌兰·柴扎之地，进逼章邯城[1]，围困三天。城中为首的七位官员献书称：“容俺与苏郎[2]、道当[3]等官员商量，请解围退兵。”济农可汗准许其请求，班师回到保汗城[4]时，伊尔该、特

[1] 章邯城：蒙古语音译。汉语译为“延安”。

[2] 苏郎：蒙古语音译。汉语译为“侍郎”。

[3] 道当：蒙古语音译。汉语译为“都统”。

[4] 保汗城：蒙古语音译。汉语译为“保安城”。

◆ 牵马陶俑 ◆

莫格图二城松兵[1]率二万兵，前来袭击。特古儿格的蟒古斯·楚忽尔·诺颜长子博纳班·洪台吉，单骑截入敌阵。其所乘之马中炮而倒，即将被敌人俘获的危险时刻，用佩刀砍死前来抓捕的人，突围之际，喇嘛斯格布·塔布囊、额尔和·塔布囊、波尔克·宰桑、博罗特·哈丹·和硕齐四员大将一同杀入，至其军营，取博纳班·洪台吉的辔，接其而出，复围其阵，看天色已晚，说："今日已晚，且收兵屯驻，明日再战吧！"是夜围困而宿，黎明之前，敌军突围而逃遁。于是，济浓可汗的军队胜利而归。

之后，岁在辛（壬）戌，土默特的鄂木布·洪台吉之使者博尔拜·乞雅·诺颜、塔拉图·丞相、吉雅图·乞雅·通事三人与鄂尔多斯的蟒古斯·额尔德尼·忽勒齐·洪台吉、布彦岱·彻辰·卓哩克图、萨囊彻辰·洪台吉三诺颜等前去（明朝）进行谈判。（明朝）每年进济农可汗以精银三千两，每月精银二百五十两。又用精银六百两抵偿所杀的六十人，并大偿其理政事的诺颜、塔布囊、官员人等，以定大政，和议遂成。

[1] 松兵：蒙古语音译。汉语译为"总兵"。

其后，岁在癸亥，年五十九岁时，阿哩克·达赖·确尔吉写完金字《甘珠尔经》，戈瓦·察罕·呼图克图[1]散花礼成；又许愿由西方宗喀巴之西纳·囊素[2]请取《丹珠尔经》，而岁在甲子，年六十岁，寿终晏驾。其妻台哈勒·达喇·博第松·诺姆其·中根·哈屯，作百日金迪克·布彦[3]以致哀，并用珍宝精银依旧制塑成释迦牟尼佛像，又用精银千两造塔一座，饰以各种珍宝，安葬其灵于释迦牟尼佛像之侧；与鄂尔多斯部的大小诺颜等共同商议，欲于西方永雪之地，自释迦牟尼佛尊以下，奉献诸庙经会之斋，用珍宝币帛广施善事，祈福缘于生灵皈依的博格达·班禅·额尔德尼以及圣识一切·达赖·喇嘛等众尊者之真身。

那位博格达有四子：色楞·额尔德尼·洪台吉、仁钦·额叶齐·岱庆、图巴·台吉、确拉·台吉。

中统宝钞：蒙古进入中原以来，各地发行地方性纸币以通贸易。成吉思汗二十二年（1227年），何实在博州（今山东聊城）印行会子，窝阔台汗八年（1236年），蒙古发行交钞，全境通用。以后各地方政府仍自印纸币。中统元年（1260年）忽必烈即位之初，开始由中央政府统一发行纸钞。七月，发行“交钞”，以丝为本。十月，又造“中统元宝钞”，简称中统宝钞、中统钞、宝钞。不限年月，通行诸道，可以用宝钞交纳赋税。钞面以文贯为识，有九种面额。

博格达的第三子图巴·台吉称：“为报父恩，我愿往赉福事。”母亲答应他的愿望，当即遣往。期间，长子色楞·额尔德尼·洪台吉辛卯年生，岁在丙寅，年三十六岁即位。过了六个月，于当年去世。

其时，图巴·台吉到四蒙克之地，膜拜博格达·班禅·额尔德尼及圣识一切·达赖·喇嘛活佛，施福于释迦牟尼佛尊以下诸寺庙。有一天，（他们）于第二胜者苏玛迪·吉尔迪的噶勒丹庙内，由博格达·班禅·额尔德尼诵尊胜宗喀巴之典纪。

[1] 戈瓦·察罕·呼图克图：汉文译作“拉克巴·呼图克图”。

[2] 西纳·囊素：汉文译作“锡纳·囊素地方”。

[3] 金迪克·布彦：汉文译作“善事”。

◆ 铜佛像　元代 ◆

博格达·班禅·额尔德尼在释迦牟尼佛的时代，为大乘之苏布迪·罗汉，而曾作金刚破除之经，遂成为名扬东方善巴勒之地的特古斯·伊扎古尔图可汗，于善巴勒之国，示以盛世转轮之预言。

之后，在额讷特格中部地区，（他）成为纳喀楚纳大师的心子[1]——特古勒德尔·赛图尔·尼和克奇·托音[2]，显示神通之本源；之后，又在额讷特格的莫葛达之地，化为阿必雅·吉喇的斡必迪尼，从学于珠吉尼·额克[3]，而获不畏涅槃之道。（他）各种经咒无不通晓，讲经、答辩、著书样样精通。

之后，又为乌勒穆吉之地，成为高超的通事，尽行阐扬盛德精微之道。

（他）于吐蕃特的盛德·萨迦之地，成为也克·班第达·哈姆哈·巴雅思忽楞·图克[4]者，辩驳异端之五百诸师，带异端名叫萨勒布拉散·乌苏图[5]的大师来吐蕃特的路上，用昔日巴德玛散巴瓦的咒术，使其死于途中。叫他达到五蕴之彼岸，了悟终极之端。

（他）复于额讷特格之地，为瑜格咱哩斯之额哩克图[6]，修成古典甘露派，而以威风镇服了有相世界。

[1] 大师的心子：汉文译作“师之高徒”。

[2] 特古勒德尔·赛图尔·尼和克奇·托音：汉文音译作“巴贝噶喇·托音”。

[3] 珠吉尼·额克：汉文译作“毕月老母”。

[4] 也克·班第达·哈姆哈·巴雅思忽楞·图克：汉文音译作“班第达·贡嘎扎勒灿”。

[5] 萨勒布拉散·乌苏图：汉文译作“喇勒巴占”。

[6] 瑜格咱哩斯之额哩克图：意思是众瑜伽之师。汉文译作“约噶匝哩之师”。

（他）于吐蕃特的特古斯・博彦图之地，成为莫尔根・布图森・绰克图・赛音・博彦图[1]，修成般若波罗蜜特传等经咒，而至学海之彼岸。

之后，（他）又在永雪之地，成为德额都・扎安[2]，通晓三教二品之义。

之后，又在吐蕃特深处的诸地方寺庙中，成为实胜睿智成真果者[3]，如同了悟一切无碍之桓肃可汗，受供于成就精微金刚妙乘之纛顶，而获不坏金刚之法身。

而今这位博格达・班禅・萨玛迪・达尔玛・道察瓦者，任谁也难以尽述其神通之灵验，及其无比之德艺。尤其是以蒙古七土默特的巴嘎・托音、杭林・斡格台・巴特尔・塔布囊为首，岁在乙未，出征吐蕃特，在扎克博哩山上，即将收尽藏巴可汗[4]十万兵马的时候，博格达・班禅・额尔德尼正在乌力吉・呼图克・吉卜忽楞台雅・布图森寺庙[5]坐禅中，明察其事，想道："如果靖定其事，则积福无量啊。"遂乘叫诺尔布・王钦的枣红马，疾如风轮，降落在两军中间。众观其岩石的马迹，宛如踏泥之印，均感到惊讶。这是依据过去能识三世的巴德玛散巴瓦大

◆ 紫檀木念珠 ◆

[1] 莫尔根・布图森・绰克图・赛音・博彦图：汉文音译作"凯珠卜格勒克巴勒桑"。

[2] 德额都・扎安：汉文音译作"第克纳・噶喇嘛"。

[3] 实胜睿智成真果者：汉文音译作"扎勒瓦・罗卜藏・端珠卜者"。

[4] 藏巴可汗：汉文音译作"占巴可汗"。

[5] 乌力吉・呼图克・吉卜忽楞台雅・布图森寺庙：汉文译作"扎什伦布寺"。

师，曾预言未来之事谓：“当临五百年之末劫，于伊斯吉苏特·木仁[1]畔，出生某甲。于观世音菩萨之地，扎克博哩山上，尽为战场之时，修炼慈悲菩提心之阿弥陀佛，化为一喇嘛，将救十万人之性命，以造无穷大福。”因此，当此争斗时期之佛尊班禅·额尔德尼所造功德之海中，略书其涓滴于此。于是，得闻博格达·班禅·额尔德尼活佛的金刚念珠等灌顶，开启精微金刚妙乘之门，如愿尽闻接引灌顶之教。

之前，岁在丙辰，达赖喇嘛·蕴丹扎木苏年二十八岁圆寂。岁在丁巳，生为萨迦·当博[2]之地达瓦·古噜巴[3]诺颜之子。博格达·班禅·额尔德尼知之，对大家说：“如果在五岁之前请到寺里，则有碍于其寿命。”而到六岁，率其巴莱绷寺的众徒弟，携带全副僧衣前去。到古噜巴诺颜家，那里的人们好奇，大家都来观望。当他们进入其家中，那位小孩子问：“班禅大师，您为什么来得这么迟？”博格达·班禅从荷包里拿出糖，对他说：“咦！我的孩儿，感到寂寞了吧？”遂将他抱在怀里。他与博格达·班禅讲论起精微经文，大众见了，甚为惊奇。

即此辛（壬）戌年，博格达·班禅·额尔德尼请他到巴莱绷寺，给他穿戴上黄色衣帽，剃度为僧，教之以学，则了然无滞。博格达·班禅称：“他在本世，必达学业之极境。”遂给他起名为罗布桑札木苏。如是，圣识一切·达赖喇嘛活佛，岁在乙丑，年九岁，应以图巴·岱松·洪台吉为首，自蒙古地方所来的僧俗人等的提请，授予尊奉驱怪尊者六臂玛哈噶喇佛之灌顶；并讲述其性道之缘法，了然无滞，众皆称奇，称：“真是观世音菩萨的化身啊！”

由是，安置圣识一切于威严壮丽的巴莱绷寺内，建造供奉前世圣识一切·达赖喇嘛·蕴丹扎木苏之塔，及散花开光的吉日，生灵皈依的班

---

[1] 伊斯吉苏特·木仁：汉文音译作“哈勒住河”。

[2] 萨迦·当博：汉文音译作“萨斯嘉·达噶博”。

[3] 达瓦·古噜巴：汉文音译作“丹巴·古噜巴”。

◆ 百灵庙镇广福寺 ◆

禅·额尔德尼及圣识一切·达赖喇嘛·罗布桑札木苏之前，为结佛家之善缘，命第巴囊素引吭唪道：赐图巴·台吉为岱松·洪台吉之号，并赐其近侧的僧俗人等以名号。称萨尔多斯·确尔吉为了道·岱庆·确尔吉之号，称阿哩克·拉桑·确尔吉为达赖·确尔吉。博格达·班禅·额尔德尼示本源于多塔尔·米哈特·格栋·达尔罕·桑嘎斯巴之子，而降旨称："他以这辈子，为我弟子已三世了。"遂赐顾师·彻辰·确尔吉之号。并称："这是赞助我苏玛迪·吉尔迪教的高徒。从今以后，你的事业将获得昌盛！"（他）对大通事阿斯托克·瓦奇尔·托迈·衮丁·大王·顾师之子杜拉尔·囊素说："你原来是在斡迪亚纳之地，噶拉巴·多尔吉的高徒，叫巴达玛·哈杨哩瓦的。其后，在永雪地方，中咱卡拉瓦尔迪可汗时期，转生为卓嘎罗·垒·扎勒灿通事。而今生则转为萨穆灵之地的根登·巴拉珠尔·旺楚克。在这里和我见面，至此为我弟子已三世。"遂赐噶拉巴·班第达·垒·扎勒灿之号，称："因有吉王哩特之称[1]，故以此为名这是我的心子[2]。"遂称古噜·塔布囊为巴特尔·固阳·塔

[1] 吉王哩特：汉文音译作"高行弟子"。

[2] 心子：汉文译作"高徒"。

◆ 蒙古葬礼（局部） ◆

布囊；称齐达罕·散鼎为苏格·顾师，称图萨图·彻辰·乞雅为彻辰·欢津，其余僧俗人等亦均依次赐予名号，以证瑞应。

临归，经噶拉巴·班第达·垒·扎勒灿翻译而称："昔日，圣识一切·瓦奇尔达喇·达赖喇嘛，有如升日于蒙昧洲的大功德，是我本源之德额都·博格达·喇嘛。之后的圣识一切·达赖喇嘛·蕴丹扎木苏，生于我的可汗家族，有掌教的大功德。而今，愿圣识一切慈悲，光临我东方蒙古地方的吧！"闻其所说，未发任何言语而大哭。当时，第巴·囊素称："唉，博格达·喇嘛！是不是因为说到前世二位博格达，您心里不高兴了？为什么如此大哭？或者因为要远离生身之地而心里难受？或者怕蒙古国强抢您吗？"他依然没有回答。于是，大家议论说："这可能是一种兆头，不知到底为什么。"遂即辞行，却又叫他们回去，降旨赐书，而结佛家之善缘。

由是，即此乙丑年，于归回之途，因前世赛音·济农·可汗所许之愿奏请银字缮写的《丹珠尔经》。岁在丙寅，《丹珠尔经》平安送到。

于是，中根哈屯召集鄂尔多斯图们的全体诺颜，并请麦达哩·呼图克图法王来为银字缮写的《丹珠尔经》散花开光。当时到来的有土默特的达赖·确尔吉、达尔罕·确尔吉为首的僧众；由博硕克图可汗之使者斡斯吉·伊勒登·塔布囊，哈哈岱、达察齐，色楞·洪台吉之子唐古台·古英·塔布囊、塔拉图·丞相，达哩吉雅·洪台吉的斡克札特巴·乌仁·唐哩克·塔布囊、唐古特·古英·希格沁；喀喇沁可汗的确尔吉·韦章·确扎木苏，布彦·阿海的本班·乌力吉图·乞雅组成的使团。

是时，仁钦·额叶齐·岱庆庚子年生，年二十八岁时，即可汗位。以萨囊彻辰·洪台吉为有德者后裔而宣读其可汗之号。

由是，念及君臣二者之制，共同聆听法王麦达哩活佛的威德金刚向化之灌顶。因此福缘而共同进入林丹·呼图克图·可汗侍卫，共同当其前哨。

后及大国之毁坠也，萨囊彻辰·洪台吉出征，与在外的察哈尔大臣们结盟而返，与珠拉图·巴特尔·乞雅、满都海·达尔罕·乞雅、囊素·巴特尔·伊勒都奇三位大臣结义，纠合三百人，岁在甲戌，年三十一岁，自霍巴河叛归。及时向仁钦·济农奏报说：“我们要与察哈尔纠合复叛，今欲奉我主您来领头，可以吗？”（济农）甚喜而赞许，是其说而叛出。即其甲戌年五月初三之吉日，平安来到圣识一切显化神通的地方，也克·沙巴尔图——萨囊彻辰·洪台吉之属地。

◆ 女真武士画像 ◆

之后，仁钦·彻辰·济农归其故地，拜所尊奉的释迦牟尼佛，驻营

于其旁。当时察哈尔阿拉坦·苏布尔甘的宰桑·色楞·博多玛勒，从主上的白室奔其弟图巴·岱松·洪台吉而来，也驻营于其旁。于是，弟兄会聚在一起，即此甲戌年，年三十五岁，承袭其父君咱卡拉瓦尔迪·彻辰·济农，宣告而继其先可汗之位。

当时，鄂尔多斯、土默特部所余之大小诸诺颜为首，收聚举国之众，避乱而出之途次相遇，以其追随而来之故。称博达台·楚忽尔为额齐格·诺颜之号，以首行纠众抗敌之故，称萨囊彻辰·洪台吉为额尔克·彻辰·洪台吉之号，赐予出征时的先锋，狩猎时居中的达尔罕职衔。其余大小诺颜等，凡所效力者，均依次加恩有差，一如先世之制，使立足有地，安居有业。

而如今，生在古代满洲阿拉坦可汗家族中的努尔哈赤·巴特尔·太岁，首以智勇收服众庶，再降水居三珠尔奇特[1]。之后，取叶赫赫·察罕·珠尔奇特[2]之精太师[3]之国。之后，岁在戊午，出征乞塔特，围取大明可

[1] 珠尔奇特：蒙古语称为“女真”。
[2] 叶赫赫·察罕·珠尔奇特：指的是叶赫部。
[3] 精太师：是叶赫部首领金台师。

三峰山之战：三峰山之战是蒙古灭金过程中的决定性战役。元太宗三年（1231年），蒙古分三路进军攻金。东路以斡陈那颜为首，从山东进攻河南。中路由太宗窝阔台自领，包围金国在黄河以北的重要据点河中（今山西永济蒲州镇）。西路由拖雷指挥，由凤翔（今属陕西）南下，经南宋辖区，迂回到金国的后方。西路军是整个军事行动的主力，共约三四万人，于同年冬渡汉水，抵邓州（今河南邓州市）附近。金国被迫抽调防守黄河的完颜合达率二十万大军南下，阻挡西路军的进攻。拖雷以部分兵力牵制金军，将大部分军队分散，通过金军的防线北上，指向汴京（今河南开封市）。金军被迫后撤，两军在钧州（今河南禹县）三峰山相遇，展开激战。次年（1232年）正月，蒙古中路军在攻下河中之后，金军尚有十余万人，久战疲惫，士气低落，再加上天降大雪，气候严寒，未经战斗，已经溃不成军。蒙古军故意让路，金军仓皇逃走，遭蒙古军追击，被消灭。完颜合达被擒。

◆ 萨满服饰 ◆

汗的东省老东[1]之时，天空出现了有尾巴的星星等诸多异相。当时，鄂尔多斯的瓦奇尔·托迈·衮丁·大王·顾师称："唉，这位太岁[2]乃是一位大命之人，这个星星乃是大力可汗的福荫之星啊！由此看来，他不是一个平凡的人。"这样，普天下称其为"大力·巴特尔·太岁"。

其次子叫洪台吉[3]，辛（壬）辰年生。岁在丙寅，自二十九岁开始，率兵出征，至乞塔特的哈勒察忽[4]，其道松兵[5]出战，则砍杀殆尽，步行突出。其后，攻打叫三太师的城，大加俘获，正在踏平其地的时候，

[1] 老东：是"辽东"的蒙古语谐音。

[2] 太岁：是"太祖"的蒙古语谐音。

[3] 洪台吉：指的是皇太极。

[4] 哈勒察忽：是"海州"的蒙古语谐音。

[5] 松兵：是"总兵"的蒙古语谐音。

五部哈勒哈的苏克・宰赛・诺颜称："你为什么要破我的食邑呢？"而袒护起来。（努尔哈赤）遂抓捕宰赛・诺颜而去。

于是，他的哈屯与诸子前来谈判。（努尔哈赤）称："我正在报昔日取城之仇，你们怎么能与本族（之人）挑衅呢？本来我不想对蒙古人作恶。你们如果想解救你们的诺颜，那就谢罪议和吧！"（哈勒哈五部）遂以二位台吉和牲畜一万来赎回宰赛诺颜。

之后，（满洲）诏命日渐严厉，威势日涨，边陲之蒙古人畏惧。

林丹・呼图克图・可汗欲征右翼三部而出游之际，乃引诱科尔沁诸诺颜与之合流。遂被普天下称为"彻辰・可汗"。

于是，林丹・呼图克图・可汗时逢厄运之后，其妻——珠尔奇特精太师之子德力格尔太师之女苏岱太后，与其子额尔克・洪果尔二人，依天命自行返回来时，（满洲）可汗族中四位诺颜，率兵迎接了他们。岁在乙亥五月，于鄂尔多斯・鄂托克的托里之地，相遇而获之。

（皇太极）将（林丹可汗）次哈屯囊囊[1]娶为哈屯。以自己国后之女，

[1] 史书均称其为"囊囊太后"，此非其名讳，是"娘娘"的蒙古语谐音。

◆ 夫妻端坐图 ◆

额尔和·固如讷·衮齐[1]嫁给额尔克·洪果尔。额尔克·洪果尔弟阿巴乃，是呼图克图·可汗崩逝的当月，囊囊太后所生，（皇太极）抚养了他们兄弟二人，遂取蒙古可汗的朝政。岁在乙丑，四十四岁，上尊号称“宽仁崇德雍和圣聪可汗”之号。

之后，（皇太极）岁在丁丑，年四十六岁，出征乞塔特。围困景楚[2]城一年，屠洪苏郎·巴特尔·松兵[3]等十三充兵[4]的兵马，攻下景楚城，平安而归。

当时，生灵皈依的博格达·班禅·额尔德尼、圣识一切·达赖喇嘛二人降旨，封昔日承运之密纳克的顾师·确尔吉为伊拉古克森·呼图克图之号，遣往东方之忽尔穆兹塔·德额都·额尔德木图·博格达·彻辰·可汗[5]处，赉送奉运之书称：

窃观三界之中，生生轮回之众生，则得自由人之珍身者，诚属稀如白日之星辰。就中得为揽天下之权柄而为可汗者，其难得如如意珍珠。是以值此争斗之秋，而为应运之大力可汗者，以政教抚育天下大众，乃可称为可汗之分。谨此，奉请扶持佛教，而为我教之施主，故具印文奉达。

可汗亲自迎接，叩拜之后，请入浩特拉·齐古勒噶克奇·穆格登[6]城，尊伊拉古克森·呼图克图为阿奇图·喇嘛[7]，受如意接引之灌顶，聆听精微之经义，而初获法教。

之后，岁在癸未，当伊拉古克森·呼图克图回归之时，奉献尊喇嘛

[1] 衮齐：是蒙古语“公主”的谐音。

[2] 景楚：是蒙古语“锦州”的谐音。

[3] 红苏郎·巴特尔·松兵：为“洪侍郎·巴特尔·总兵”的蒙古语谐音，指的是明将洪承畴。

[4] 充兵：蒙古语称“总兵”的另一种谐音。

[5] 忽尔穆兹塔·德额都·额尔德木图·博格达·彻辰·可汗：为“崇德圣聪皇帝”的蒙古语译称谓。

[6] 浩特拉·齐古勒噶克奇·穆格登：蒙古语，汉译为沈阳。

[7] 阿奇图·喇嘛：蒙古语。汉语译为“功德喇嘛”。

以无数的赆仪，并奉献二位博格达·喇嘛以无数珍宝金银及各色财帛，而降密旨称：

我即将取大明可汗的大都城了，容我先理竣世事之后，再请二位博格达·喇嘛，拜见活佛而恢宏教法。

其后，降旨：“今可出征乞塔特国！”正在出征途中，岁在癸未，年五十二岁，寿终归天。于是，诸王大臣等遵遗旨出征。围困伊孙·哈哈勒噶图[1]城之际，乞塔特匪首叫闯王[2]的人，害死了大明崇京可汗[3]

[1] 伊孙·哈哈勒噶图：为蒙古语。汉语译“九门”。

[2] 闯王：指的是农民起义领袖李自成。

[3] 崇京可汗：指的是明朝崇祯皇帝。

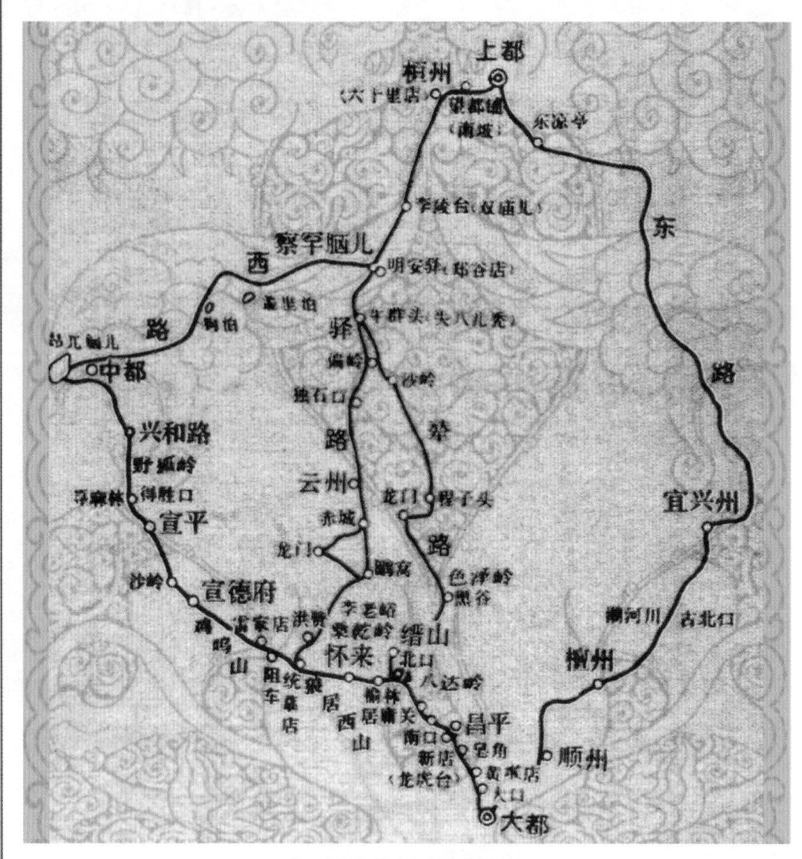

◆ 元大都到元上都路线图 ◆

而取大都城。当时哈喇台城[1]的主子叫敖松兵[2]，归附可汗的诸王[3]，遂以满洲和乞塔特会合而进，逐出了闯王可汗。岁在甲申，取了乞塔特可汗的朝政。

之前，蒙古的妥懽帖牡尔·乌哈噶图·可汗时期，岁在戊申，乞塔特人朱葛·诺颜[4]，年二十五岁，袭取大都城，即可汗位，称大明赵洪忽可汗[5]。

当时，乌哈噶图·可汗的第三妃子，弘吉喇特部托克托阿太师之女，名叫格勒里图的哈屯，正怀着七个月的身孕。因为身子重，而没能出逃，洪忽可汗纳之。越三个月，即此戊申年，生一男孩子。赵洪忽可汗降旨称："之前，我天生主子，曾多惠爱与我，而今此子，不管是他所出还是我所出，当以德报德，可为我的儿子，你们任谁也不得以为是非。"遂为自己的儿子。与另一位乞塔特哈屯所生之子赵达哈雅[6]，共二子。其父亲赵洪忽可汗执政三十一年，岁在戊寅，年五十五岁崩。

其后，乞塔特的大小官员商议，称："蒙古哈屯所生的儿子，虽然年长，乃别人的儿子。等他长大了，备不住与乞塔特国为仇。乞塔特哈屯所生之子，虽为年小，然属其嫡子，当奉为可汗。"

赵达哈雅庚戌年生，年二十九岁即可汗位。经四个月零十八天，即戊寅年崩。因其无子，遂以蒙古哈屯之子叫中鲁[7]的主子，岁在乙卯，年三十二岁，即可汗位。即请格尔玛瓦[8]的茹勒必·道尔吉、萨迦·大

[1] 哈喇台城：指的是山海关。

[2] 松兵：为"总兵"的蒙古语谐音。这里指的是吴三桂。

[3] 诸王：这里指的是睿亲王多尔衮。

[4] 朱葛·诺颜：蒙古文史籍中指的是朱元璋。

[5] 赵洪忽：为"朱洪武"的谐音。

[6] 赵达哈雅：为"朱棣"的误音。原文有误。

[7] 中鲁：为"永乐"的蒙古语谐音。

[8] 格尔玛瓦：为"噶尔玛"的谐音。

◆ 龙纹石栏板 元代 北京元大都遗址出土 首都博物馆藏 ◆

乘的丹赞·确尔吉、萨拉[1]的大慈·萨穆察·确尔吉三人，以立政教之治，致大国于和谐太平。在位二十二年，岁在庚子，年五十岁崩。

其子算迪可汗[2]丙寅年生，岁在辛丑，年三十六岁，即可汗位。信奉其父亲的喇嘛萨穆察·确尔吉为福田，施二政致大国于太平安乐，在位十年，岁在庚戌，年四十五岁崩。

其子景泰[3]可汗，戊戌年生，岁在甲寅，年十七岁即可汗位。戊午年，年二十岁时，被卫拉特的额森[4]太师抓了去。

其弟景东[5]可汗庚子年生，岁在己未，年二十岁，即可汗位。越五年[6]，岁在癸亥，乌济业特[7]人送还景泰可汗。其弟景东可汗称："论秩序，您当居此可汗位。"其兄景泰可汗辞称："我已被上天厌恶，你仍旧居可汗位吧！"而没有答应。其弟景东可汗继续在位，过三年，公越八年，

[1] 萨拉：汉文作"黄教"。

[2] 算迪可汗：为"宣德可汗"的谐音。

[3] 景泰可汗：为"正统"之误，以下均是。指的是明英宗朱祁镇。

[4] 额森：为"也先"之东部蒙古发音。

[5] 景东：为"景泰"之误，以下均是。指的是朱祁钰。

[6] 越五年：误，应该为一年。

[7] 乌济业特：汉文作"山阳兀良哈"。

◆ 美丽的金莲川草原及湖泊 ◆

岁在丙寅，年二十七岁崩。

之后，景东可汗岁在丁卯，年三十七岁，复可汗位，称塔孙可汗[1]。塔孙者，是天之所赐之意。在位十七年，岁在癸未，年四十六岁崩。

其子青化可汗[2]，甲寅年生，年三十一岁即可汗位。他在位二十三年，岁在甲子，五十六岁崩。

其子景丹可汗[3]丙戌年生，岁在乙丑，四十岁即可汗位。他在位十六年，岁在庚辰，年五十五岁崩。

其子吉哈青可汗[4]戊午年生，岁在辛巳，（他）年二十四岁，即可汗位。在位四十五年，岁在己丑，年六十八岁崩。

◆ 元上都前金莲川草原上的金莲花 ◆

其子隆庆可汗辛（壬）午年生。岁在丙寅，即可汗位。（他）在位七年，岁在辛（壬）申，年五十崩。

其子万历可汗，辛亥年生。岁在癸酉，年二十三，即可汗位。（他）在位四十八年。在这个可汗时代，与过去永乐可汗在世一样，致大国于幸福安乐。岁在庚申，年七十七岁崩。

---

[1] 塔孙可汗：为“天顺可汗”的蒙古语谐音。

[2] 青化可汗：为“成化可汗”的蒙古语谐音。

[3] 景丹可汗：为“正德可汗”的蒙古语谐音。

[4] 吉哈青可汗：为“嘉靖可汗”的蒙古语谐音。

◆《蒙古人的一天》局部　清代　蒙古国藏◆

其子泰青[1]可汗辛巳年生。岁在辛酉，即可汗位。(他)在位十一个月，即此辛酉年，年四十一岁崩。

其子[2]丹吉[3]可汗甲辰年生。岁在辛（壬）戌，年十九岁，即可汗位，（他）在位七年，岁在戊辰，年二十五岁崩。

其侄崇京[4]可汗乙亥年生。岁在己巳，年三十一岁，即可汗位。（他）在位十六年，岁在甲申，满洲之顺治可汗取其朝政。

[1]　泰青：为汉语“泰昌”。

[2]　其子：为其弟之误。

[3]　丹吉：为汉语“天启”。

[4]　崇京：为汉语“崇祯”。

那位顺治可汗于戊寅年生。岁在甲申，年七岁之际，坐乞塔特大明可汗的金座，八方通称顺治可汗。统领南方八十万乞塔特，西方阿达克·喀木的二十六万吐蕃特，北方四万卫拉特，东方三万察干·苏郎古斯，中央四省满洲、六万蒙古之地。赐全国诸部的诸汗及诸诺颜、诸官员等以王、贝勒、贝子、公等爵位。视其轻重，依次各加封号。立大国之基业，致玉宇于安乐太平。

之后，岁在辛卯，年十四岁，先可汗曾有旨谓："等取大都城，理竣世事之后，即请二位博格达喇嘛，以兴经教。"遂遣使请二位博格达喇嘛。则博格达·班禅·额尔德尼称："我的年岁已高，难以前行。"而不至。只有圣识一切·达赖喇嘛·罗卜藏扎木苏前来。岁在辛（壬）辰，年五十岁，于大都城外，修筑如是的黄城，内建三世佛庙，又为达赖喇嘛及其随从人员建造所居净舍、库仓，均为美丽堂皇。大兴佛教，广施圣道，以致四境不扰，八方无警，大国安乐，如旭日之东升。这是主上可汗的大恩。当此之时，边陲之民，夙愿已足，凡九族之众，手有所置，足有所踏，享受安乐幸福。如此，执政十八年，岁在辛丑，年二十四岁，回归天庭。

◆ 乌兰察布盟盟长乘马牌　内蒙古博物院藏 ◆

其子康熙可汗，甲午年生。岁在辛（壬）寅，年方九岁，即可汗位，

《蒙古射猎图》 元世祖忽必烈虽然效行“汉法”，但是仍不忘蒙古本俗，在服装穿戴上表现得尤为明显。这幅《蒙古射猎图》，既是反映元代蒙古人围猎活动的佳作，也是蒙古人服装的极好展示。

◆ 蒙古射猎图 ◆

通称康熙。于是年，为哀悼其父亲，向全国发出哀悼令。（人们）各自以自己的方式举行哀悼，广施慈善之业。为了得到二位博格达喇嘛的祝福，奉献了无数的金银、币帛、绸缎、蟒袍、各色哈达等礼物，并赐吐蕃特国主卫拉特·瓦奇尔·可汗以诰命黄书、封号以及印章、礼物等。修缮其先父所开的善道，为二位博格达喇嘛之通行无阻，选取十六名（徒弟），为学习声义、波罗密德、哲学、经教、注释、语法，派往德额都·斡润[1]。

是时，生灵皈依的博格达·班禅·额尔德尼，生于自戊子数三千六百三十二年的辛未，年六十二岁，放弃本体，岁在辛（壬）寅，显示涅槃，赴善巴拉之地，欲拯救生灵而去，并为满足其虔诚的施主大众及其诸多徒弟的心愿，用慈祥的目光住视本地，留下遗旨，以神灵相顾。主上可汗收到使臣送来的信件，无比欣慰。受到主上可汗的恩赐，普天下大众，手有所置，足有所踏，安享幸福。

如是：

始初向化的具象世界，

诸方皈依的胤嗣生灵，

自额讷特格·斡拉纳·额日古克德森·可汗以来，

至此争斗时期的诸生灵，

生成圣武可汗平定天下，

亦生为福祇菩提接引众生，

共同享受佛教与圣朝所赐的幸福。

未能尽述而略道其要义，

尊上有道的彻辰·洪台吉的嫡孙，

睿智甚微的萨囊彻辰·台吉我，

谨籍自所见闻而编纂这本

[1] 德额都·斡润：蒙古语，是指西藏青海地区。

诸可汗根基的“宝鉴”，

为的是有重要之用的史卷。

更察《奇观花蕾》的列传，

再加《性道因果》的红册，

萨尔瓦·呼图克图的《诸汗之统》，

以及汉文《启明学子心花》。

尊上转轮王著《经教源流》，

记述蒙古诸汗统的《大黄谱》。

综览这七本历史之书，

此乙丑九紫入宫之第五十九，

于乾元八白创始之第二，

自翼宿值月十一角宿木耀日开始，

至箕宿值月朔鬼宿水耀日竣。

就中难乎免其谬误之处，

祈贤者之士不吝详查赐教，

或有是则唯赖识界之琼珍。

愿为启蒙学子智慧之莲花。

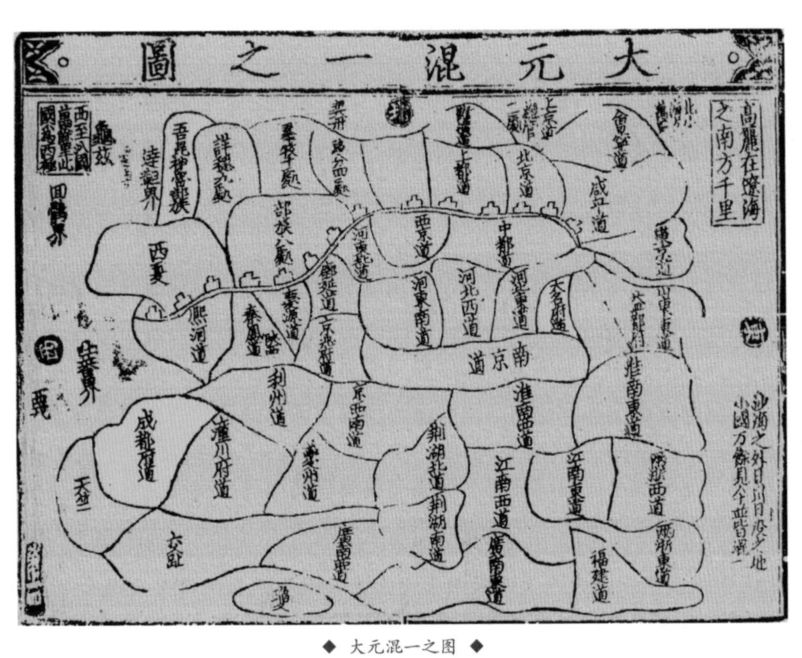
大元混一之圖
高麗在遼海之南方千里
西夏
南京道
河東南道
河北西道
西京道
中都道
北京道
咸平道
大名府道
淮南東道
淮南西道
成都府道
潼川府道
利州道
京西南道
荊湖北道
荊湖南道
江南西道
江南東道
福建道
廣南西道
廣南東道
交趾
熙河道
部族八處

◆ 大元混一之图 ◆

参考书目

1. 巴雅尔标音.《蒙古秘史》(蒙古文). 呼和浩特：内蒙古人民出版社.1980.

2. 编委会编.《蒙古秘史》(蒙古文). 呼和浩特：内蒙古人民出版社.1993.

3. 泰亦•满昌.《新译注释〈蒙古秘史〉》(蒙古文). 呼和浩特：内蒙古人民出版社.1985.

4. 孟广耀等撰写.《蒙古族通史》. 呼和浩特：内蒙古人民出版社.1993.

5. 道润梯步译著.《新译简注〈蒙古秘史〉》. 呼和浩特：内蒙古人民出版社.1979.

6. 邱澍森.《元史辞典》. 济南：山东教育出版社.2002.

7. 王迅、苏赫巴鲁编著.《蒙古族风俗志》. 北京：民族出版社.1990.

8. 文精主编.《蒙古族大辞典》. 呼和浩特：内蒙古人民出版社.2004.

9. 倪健中主编.《风暴帝国》 . 北京：中国国际广播出版社.1997.

10. 巴特洪坚毅著.《蒙古族古代战例史》. 北京：金城出版社.2002.

11. 白音门德等编.《〈蒙古秘史〉的世界》. 呼和浩特：内蒙古人民出版社.1998.

12. 杭爱著.《〈蒙古秘史〉跨学科文化研究》. 呼和浩特：内蒙古人民出版社.2004.

13. 特古斯巴雅尔主编.《成吉思汗的传说》. 呼和浩特：内蒙古人民出版社.1998.

14. 却日乐扎汇编.《山水传说故事》. 呼和浩特：内蒙古人民出版

社 . 1992.

15. 旺楚格编著 .《成吉思汗陵》. 呼和浩特：内蒙古人民出版社 . 2004.

16. [蒙古国] 浩 • 桑皮勒登德布编 .《蒙古神话传说大观》. 北京：民族出版社 . 2002.

17. [匈] 卡拉著 .《蒙古人的文字与书籍》. 呼和浩特：内蒙古人民出版社 . 2004.

18. 瓦 • 赛音朝克图著 .《蒙古巫术》. 呼和浩特：内蒙古人民出版社 . 1999.

19. 巴拉吉尼玛等编 .《千年风云第一人》. 北京：民族出版社 . 2003.

20. 编委会编 .《蒙古学百科全书》(文物考古卷). 呼和浩特：内蒙古人民出版社 . 2004.

21. 内蒙古博物馆编 .《成吉思汗》. 北京：北京出版社 . 2004.

22. 编委会编 .《内蒙古大辞典》. 呼和浩特：内蒙古人民出版社 . 1991.

23. 孟克德力格尔编著 .《蒙古族传统生活概观》. 呼和浩特：内蒙古人民出版社 . 2000.

后　记

本人在内蒙古民族大学蒙古学学院从事蒙古史教研工作期间，立志搞好我们伟大祖国的全史。我们的祖国是56个兄弟民族组成的和睦大家庭，所以，撰写56个兄弟民族的全史才能体现我们祖国的历史全貌。其他55个民族的历史，因鄙人的能力所限，只能依托具有相同志向的朋友和后人了。作为蒙古族历史教研工作者，撰写蒙古族历史是我本人不可推卸的责任。历史，不是某个人随意撰写事情，必须依赖当时的丰富资料。

由于历史的原因，以往各个兄弟民族文化发展有着很大的差距。在民族史方面，奇缺第一手资料，故发掘史料是弥补民族史的第一要务。

在学校及学院领导的大力支持下，我校于2003年创建了主攻蒙古史及蒙古文化的硕士研究生学科点，2008年提升为民族学学科点。2010年，又增设中国史学科点。本人在本科与硕士研究生教学研究中，看出蒙古史诸文献中存在着很多说法不一的分歧和矛盾之处，加之有些章节被一些不明真相的人从不同角度随意翻译引用，致使蒙古史研究十分混乱。这一现象必须通过论证加以纠正。为此，本人从2008年开始用现代汉语翻译蒙古史诸多文献，并附加了注解及个人在教学科研实践中所得到的

启示。在本书的翻译中，我的硕士研究生白梅荣做了大量工作，是我得力的助手，在此表示感谢。

本人于2013年退休后，有幸结识王石庄先生，参加了蒙译《元史》的工作。今大，王石庄先生伸出友谊之手，为帮助我出版历年的翻译成果，从物色出版社到有关出版的各项事宜，都予以了无私的帮助。

在此，向传播和弘扬蒙古族文化的功臣王石庄先生和内蒙古人民出版社领导致以衷心的感谢！

包额尔德木图

2010年11月5日汉译于通辽市

2016年11月11日修改于呼和浩特市